賢いネズミは猫をなだめる

吉野秀

TAC出版

はじめに

『言い訳の天才』（すばる舎）を出して以来、「言い訳」にこだわってきた私が今回ポイントとするのは、相手の発言へ即座に、しかも適切に応える「切り返し」。謝罪や反論を含む言い訳は切り返しの中に含まれると考えるからで、言語反射神経を高める意味でも考察する必要が不可欠だからだ。

「切り返し」の意味を辞書で調べると、「相手の攻撃に対してやり返すこと」と書かれている。さらに、「攻撃に対して、直ちにやり返さなければ意味のないもの」の解釈もある。豊富な語彙《ごい》で、突発的状況に対抗する動作と考えてよいだろう。

本書では、私が現代の人間関係において必要と考える3つの「切る」＝切り返しを本題に、「切り替え」「切り口」の重要性をも述べていきたい。

「言い訳」とは従来、言い逃れやその場しのぎ、のらりくらりの意味合いで使われてきたが、本来あるべき姿とはこのようなものではないと私は考えている。新たな定義は「相手に理解・納得・合意してもらうコミュニケーションツール」。論点をずらした上で問題点をぼかす「すり替え」、相手が想像もしないことで驚かし、問題自体を忘れさせてしまう

「意表つき」、ヨイショで気分をよくさせ、怒りや指摘の強さを和らげる「褒め抜け」が主な手法パターンだ。

相手が自分と違う考えを持っていた場合や、自分の言動で相手の気分を害してしまった時、人は言い訳として謝罪や反論の手段を使う。しかし、この2つだけでは、自分に疑問や不信感を抱いている相手を理解・納得・合意させることはほぼ不可能だろう。

そこで決め手になるのが「切り返し」。できるビジネス人のお家芸だ。

平成21年7月

目次

第4章　切り返しのテクニックはこうして身につけろ！

第5章 つい口をつき、自爆する一言

序　章

切り返しの技術が求められる理由

「言い訳」とは人とのコミュニケーションの技

人とのコミュニケーションの最大の目的は「合意」。理解だけでは「言っていることはわかるが……」だけで前へは進まず、納得も「なるほど」の先は「それで?」になる。合意までこぎつけるには、単に謝罪や反論では埒《らち》があかない。この目的に適していると思われる手法が、「すり替え」「意表つき」「褒め抜け」だ。私が言い訳にこだわり始めたきっかけは、人間関係を円滑なものにするツールとなる「理解・納得・合意」の構図がないあまり、くだらない揉《も》め事が多いことにあった。

これが素晴らしい果実を生む高尚な喧嘩《けんか》であれば大いに結構だが、多くの人々は言語反射神経や表現力の乏しさから誤解を招く。これさえなければ、揉め事の原因が生じても解決＝理解・納得・合意に結びつく。これを考察した時、私は表現術の1つである言い訳へたどり着いたのだ。

窮地を救った言い訳エピソードを1つ取り上げる。部下や後輩にご馳走すると言って食事へ出かけた時、いざ会計しようとすると、クレジットカードが使えなかった。現金は一人分程度しかない。相手が年下の場合は、特に「やっぱり割り勘で」とは言いづらい。そこで、こんなフレーズを使ってみてはどうか。

「約束どおり、君の分はご馳走するよ。でも、僕の分は貸しておいてくれないか」

相手は驚いたとしても、「次の機会には返す」と言っているのも同然なので不快感は残らない。このポイントは、「相手を傷つけない」点だ。これはトラブルになる可能性を察した瞬間に、まず考えられなければならない。

新たな「言い訳」とは人に不快感を与えるものではなく、人とのコミュニケーションの技だ。相手を傷つける、あるいは不快感を与える人がなぜ多いのか。

私の場合、出版社などに企画を持ち込むことが多々あるのだが、その時に相手を信用しなくなるフレーズがある。それは「面白い企画ですね～」や「個人的には面白いと思います」。

これらを口にされた場合、企画はほとんど通らない。それは、「通せるかわからない」事実を相手が言っていないからだ。言いづらいことをうやむやにすることが相手を傷つけないと思っている人は多いようだが、それはまったくの逆。言いづらいことや聞きづらいことはたくさんあるが、それを後回しにしていると揉め事の原因になる。

タイミングを見計らい、言葉に気をつけながら明確にしておけば、後々こじれることはなくなるはず。よく使われるフレーズの「沈黙は金」はちっとも美徳ではなく、今のビジネス社会では通用しない。以心伝心や暗黙の了解、言わずもがなも同じ。金銭の話はさらっと伝えるほうがスマートだ。

また、「多弁は銀」とも違う。これは単に余計なことを言うだけ。人々が揉め事を起こすほとんどの場合は、この2パターンが原因になっているのではないだろうか。言葉が足りない、または多すぎるのだ。言葉が足りない「沈黙は金」タイプの人間は相手が投げた言葉を返せず、言葉が多すぎる「多弁は銀」タイプは人の話を聞いていない。このような言語能力が欠けている人たちはトラブルが発生すると、自分を良く見せようと自己顕示力が働く。

これには防衛的自己顕示と主張的自己顕示がある。前者は、謝罪をすれば済むものを他人のせいにして自分を守るタイプ。後者は自分を認めてもらいたい一心で、演技やお世辞を駆使して自分を装うタイプだ。

「切り返し」がうまい人は、相手の出方へ瞬時に反応できる

言語能力に長《た》けているタイプはどのような人たちか。

相手を傷つけずにコミュニケーションを図れる代表と言えるのが、テレビやラジオ番組のＭＣ（司会者）やパーソナリティだ。私は以前『笑っていいとも！』に出演していたが、タモリさんや笑福亭鶴瓶さん、青木さやかさんなどの出演者を目の当たりにしてそれを痛切に感じた。この方々には、防衛的自己顕示や主張的自己顕示がない。主役は視聴者や観客で自分たちではないことを強く認識しているので、相手の話をよく聴き、同時に考える力を持っている。これができる人は少ないのかもしれないが、相手にしゃべらせることはある意味でとても便利なもの。論点がずれないので揉め事も起こりにくい。

クレーマーの場合がそうだ。対応で失敗する多くのパターンは、相手の話を中断すること。これは、「俺がまだ話しているじゃねえか。黙って聞いていろ。ボケ！」と相手の怒りを増幅させ、二次災害へと導く。しかし相手に気が済むまでしゃべらせれば、こちらの判断材料が増えていき、相手の気も晴れるので一石二鳥と私は思う。

以前、生島ヒロシさんのラジオ番組の電話インタビューで気づいたことがある。私はしゃべりのプロではないので、言葉が出すぎたりすることがあるのだが、生島さんは余計なことは一切言わずに最後まで聞いてくれた。私が話し終わった時にまず同意する。次に、「でも、もしこうなったらどうしますか？」と問いかけてくる。たとえば、営業に行って名刺を忘れてしまい、先輩から「名刺を切らすなんて何を考えているんだ！」と言われた場合の言い訳を説明した時。私は自分の非を認めて、さらに今後どうするかの打開策を明示し、先輩の顔をつぶしたことへのフォローも必要だと話した。そして「一例で申しますと、『ご迷惑をおかけしました。先方に名刺をお送りすることで先輩のご指導も印象付けます』とつなげるのですが、後半部分で先輩の顔をもう1回立てる内容を含むということですね」と説明した。

生島さんは「うん、うん」と相槌《あいづち》を打ち「では営業に行って、お目にかかったのに名前をど忘れしてしまいました。どうすればいいでしょう」と次の質問に移った。私は「『お名前を確認したいのですが』と聞くと、相手の方が名字を『何々です』と条件反射的に答えます。それに対して『いえ、それはわかっています。下のお名前をお聞きしているんですよ』と切り返すわけですね。この時点で名字はわかっているので、問題は解決します」と答えた。生島さんは笑いながら「なるほどねえ。そうか、そうか。苗字は忘れたけれども『下のお名前は?』と言うわけですね。じゃ、次のケースですけれどね」と質問を続ける。

この後も「いやあ、言い方によっては『お前は本当に口から出まかせで、ああ言えば上祐』っていうのが昔、はやりましたねえ。じゃあ、……」などと私の答えに同意、というより共感してくれた。インタビューの最後は「いやあ、なるほどねえ。僕も勉強になりました」。この「yes, if」を使えば、たとえ相手と意見が食い違っても口論になることはなく、相手を傷つけることもない。また、相手に自分の間違いを気づかせる効果も高い。

このように、相手の出方へ瞬時に反応できる人たちは、「切り返し」の能力にも長けている。1つの実例を挙げながら考えたい。


私の知人の元に、ひとりのアマチュアカメラマンが訪ねてきた。

彼は「有名になって写真集を出したい」という。出版社に伝手《つて》がある知人は、それなら雑誌などの仕事をしたらいいとアドバイスし、旧知の編集者など数人に紹介した。カメラマンはいくつかの仕事をもらい、取材や撮影をこなしていた。

しかしある時、知人がカメラマンのブログを見ると、写真集出版の告知が出ていた。おまけに取材で撮った写真が、紹介した雑誌の発売前に掲載されているではないか。驚いた知人は旧知の編集者に電話。ブログの内容を話すと、編集者も知らなかった。

怒った知人はカメラマンへ連絡し「事情を説明しろ」と訴える。

すると相手は「これはいけないことなのですか？　でも、法律には触れていませんよね？」と返してきたからあっけにとられる。

その後、何を話しても謝罪どころか、ほとんど逆ギレの状態。カメラマンはブログに知人のことを「師匠」と書いていたが、知人にしてみればそのようなつもりはなく、むしろその時となっては迷惑千万だったので、手紙でその記述を削除するように求めた。しかし彼からの返事は「ブログを書いた時点では、あなたが師匠であったことは事実ですので、削除しなければならない理由がわかりません。でも、あなたが心外だとおっしゃるので、『私の師匠』という記述が入った記事はすべて削除しました」とのことだった。

また、彼が出版社に持ちかけた写真集の企画は知人が発案したものだった。それも手紙で指摘すると「僕も以前から『こんな企画はどうでしょう?』と方々で話していたのですから、貴殿の発案だとおっしゃることには納得がいきません」との答え。自分の非を認めるどころか、知人が言っていることの方がおかしい、間違いだと言わんばかり。

最後には「あなたとは価値観が違う」と言われたそうだ。知人は、彼を紹介した出版社すべてに事の成り行きを説明し、二次災害を未然に防いだ。金輪際付き合わなければよいと自分を無理に納得させ、腑《ふ》に落ちないまま事を終わらせた。

知人はカメラマンへ完全に「切り返す」ことができなかった。彼は切り返しの定石とも言える、いい意味の「目には目を、歯には歯を」をしていない。しかし、ここで判断が難しいのは手法を間違えると被害者が加害者、加害者が被害者になりうる点。正当な攻撃であっても、それが行き過ぎてしまうと不当な申し入れだと言われかねないからだ。

そのカメラマンが言い放った「あなたとは価値観が違う」は、「私はおかしくない。あなたこそおかしい」の傲慢《ごうまん》さを含んでいる。これは「価値観の違い」ではなく、「相手も自分と同じ常識を持っている」と思い込んでしまうことが原因している。多くの人は相手が真っ当であるとつい思いがち。さらに、どこからどこまでが常識なのかの定義づけは困難だ。

私の考える常識とは法律や倫理ではなく、道徳や正義、マナー、気遣い。「タバコをポイ捨てしてはいけない」や「空き缶を投げ捨ててはいけない」、「うそで人を裏切るべからず」などと同じたぐいである。先のカメラマンのような輩《やから》にとって、言い訳は過度の保身に基づいた居直りやふてくされだ。私がこの本で提唱したい「切り返し」とは、言い訳の手法を間違えている防衛的自己顕示へのアンチテーゼ。「食うか、食われるか」のご時世。「食われる方にスキがある」現実も踏まえた危機管理術の1項目と言っておく。

リストラによる雇用受難期で求められる人物像とは

今、すさまじい勢いで企業の人員削減が進んでいる。

長期にわたる景気低迷に加え、2008年9月に米国で第2位の規模を誇る証券会社リーマン・ブラザーズの経営破綻《はたん》により「リーマン・ショック」が起き、米国の金融危機をはじめとして世界経済が大混乱に。それに伴って輸出依存型の日本産業も大打撃を受け、雇用情勢も短期間で大きく変化したのだ。

派遣社員やパート社員、アルバイトなど非正規社員の雇用はこれまで順調に伸びてきたが、次第に鈍るようになった。パートの有効求人倍率は6年前の水準にまで低下し、人材派遣の実稼働者数の伸びも急速に鈍った。企業は中長期的な人材確保のための正社員採用には積極的な姿勢を示したが、非正社員については雇用を絞り込んでいった。

やがて、主要企業の大卒採用内定者（09年春入社）も大きな影響を受けるように。全国紙の調査によると、2008年春に入社した人数比で1・4％減。5年ぶりのマイナスになった。

さらに、2008年末から2009年にかけては、正社員採用に強気だった電機・自動車業界も大幅な人員削減に乗り出している。2008年6月の完全失業率が4・1％（季節調整値）、有効求人倍率が0・91倍だったのに対して、半年後の12月には同4・4％、同0・72倍にまで悪化している。正社員の雇用維持も困難になってきたわけだ。

今回の金融危機によって、派遣社員は業績が好調な時には積極的に採用されるが、それが悪化すればすぐに切り捨てられてしまう流動的な人員だとわかった。さらに今後は、新卒・中途採用にかかわらず、正社員も絞り込んでいくだろう。企業のコストの中でも、人件費は大きな割合を占めるからである。「この社員は使えるか・使えないか」「会社の生産性に貢献しているか・いないか」の選別は、さらに進んでいくはずだ。

このような雇用受難期の中、企業はどんな人物を求めるだろうか。以前は「積極性がある」「発想力がある」「コミュニケーション能力に長けている」など、曖昧模糊《あいまいもこ》とした表現でさまざまな人物像を示していた。理想像ならいくらでも語ることができる。

だが、これからは「問題発見・解決能力」を持つ人材が求められると思う。これには、「問題を解決するにはこの手法がいい」と提案する力も含まれるので、大きな意味では発想力にもつながるだろう。こうした能力を持つ社員はめったにいないから重用されるのだ。

企業がトラブル・不祥事が起きた時に、自らの対応のまずさによって追いつめられるケースがしばしば見られるが、これは問題発見・解決能力を持った社員がいないことの証《あかし》でもある。

リーダーは「よく聞く」「厳しいことを言う」の本質を考える

問題発見・解決能力を持つ社員を育成するには、何がポイントになるのだろうか。転職サイトや学生の就職・就活サイトを運営するｅｎジャパンが「『人を育てること』について」と題したアンケート結果を公表している。これをもとに説明したい。このアンケートの回答者は、現在（または過去に）部下を持ったことがある人が全体の84％を占めているので、管理職・マネージャークラスからの回答と捉えて差し支えないだろう。

「部下育成に対して自信がありますか？」の問いに対して、「かなり自信がある」「まあまあ自信がある」と答えた人が合計で83％に上る。部下を持ったことがある人のほとんどが、人材育成に自信を持っていることになる。しかし、「あなたの現職（もしくは前職）の組織は、人が育つ組織でしたか？」の質問には、65％の人が「いいえ」と答えている。それなのに「人材育成に自信がある」とは矛盾していないだろうか。

これは、アンケート結果に問題があるのではなく、答えている人たちが抱えている矛盾が現れたのだと思う。自分の会社に満足している社員はほとんどいないので、「人が育つ組織だったか」と問われれば「はい」と答える人は少ないだろう。彼らは「自分が所属している組織で経験したことと逆の手法をとれば、うまく人材を育てることができるのではないか」と考えている。このアンケートでは、「人材育成に自信を持っている理由」は質問に入っていないが、先記の考えが回答者の自信につながったのだと分析している。

では、回答者が部下を育てる上で大切にしていることは何か。「部下の話をよく聞く」「部下の失敗・ミスには自分が責任を持つ」「部下の成長のためなら厳しいことも言う」が上位3つ。確かにこれらがしっかりできているなら、「部下育成に自信がある」と公言していい。先ほど指摘した回答の矛盾の原因がここにあるのではないか。管理職・リーダーの「勘違い」から生まれた矛盾だ。

「話をよく聞く」ことは、その聞き方が問題。部下が相談している時に、それを右から左へ流して「なるほど」と相槌を打つだけ。あるいは、「お前の言うとおりだ。頑張れ」「俺も若い時はそうだった」などと答えるのなら簡単だ。

しかし、その程度で「俺は部下の悩みを聞いた」「あいつもガス抜きができただろう」と満足しているなら、大きな間違い。話を聞きながら問題点は何かを把握し、それを解決するためにはどうすればいいのか、適切な答えを出さなければ部下の信頼は得られない。

同様に「失敗・ミスには責任を持つ」のなら、どの程度の責任を持つのか。部下が迷惑をかけた相手に対して、ただ「申し訳ありません」と謝罪するのが責任を持つことではない。失敗の原因・現状などをつかんだ上で、「この点については申し訳ありません」「この点については、今後こうしたいと思います」と明確に言わなければならない。

「部下に厳しいことを言う」のは、部下の発言に対して理解・納得できないことがあれば「それはおかしい。こうじゃないのか」と毅然《きぜん》とした態度を取ることだ。「ばか野郎！」と叱責《しっせき》すれば済むことではない。

先記の3つを表面的にやるだけで「自分は部下育成ができている」と過信していると、その企業はたちまち危機に直面するはずだ。部下からの指摘や申し入れ、文句は広い意味での「クレーム」ともとれる。マネージャーやリーダーが社内で起きているクレームを解決することすらできないのに、対外的なそれに対応できるわけがないからだ。

また、リーダーは強いチームを作り、最終的に業績を上げ、会社へ貢献するためにスタッフの士気高揚と質の向上を図るのが義務。そのためにも、「部下の話をよく聞く」「部下の失敗・ミスには自分が責任を持つ」「部下の成長のためなら厳しいことも言う」をしっかりとやり込むことが不可欠だ。

一方、部下の立場なら、雇用受難の時代に自分の位置を確保するためには、問題発見・解決能力を身につけるのが大切。それには、前述したことの逆を考えればよい。

上司に話をよく聞いてもらうためには、まず自分がよく話さなければならない。失敗やミスが起きたら、その原因や現状、今後どうすべきかを考えた上で上司に速やかに連絡する。厳しいことを上司に言われたならば、それをこれからどう活かすかを考える。上司と部下両方の観点から問題発見・解決能力を高める仕組みを作り、それを恒常的に機能させるのが「クレーム対応」の基盤作りだ。

前出アンケートの中で気になる回答がもう1つある。「部下を育成する中で悩んでいる点があれば教えてください」の設問に対し、最も多かった回答が「仕事に対する価値観が違う」。これは、部下が上司に対して不満に思っている点でもあるだろう。

だが、「価値観」と表現することはおかしい。「価値観」とは、物事に対する個人の考え方。仕事に対する価値観なら、「給料を得るため」「ステップアップのため」「働かないよりはいいだろう」など人さまざまだ。だから、百パーセント同じ価値観を持っている人間はいるはずがない。この場合は、「仕事に対する根本的な考え方」が適切な言い方。これが違っているのなら組織にとって大問題ではないか。「仕事をする目的が社員によって違う」と言っているのと同じことだからだ。

会社とは常に指針があり、目的がはっきりしている。それに対して、この部署は何をやるか、そのメンバーはそれぞれ何をやるべきかは鮮明だ。よって、仕事に対する根本的な考え方は明確であるはず。それが多様化しているのなら、リーダーは「君は○○のためにこの部署にいるのだから、この仕事を任せている。そして△△の実績を求めている」と何回も刷り込まなければならない。「期待しているよ」「頑張ってくれ」と声をかけるだけで済む時代は終わった。

私は、会社とは「独裁制民主主義」の組織だと思っている。タテ社会では、最終的にはトップが責任を取るのだから「独裁制」。しかし、社員が活躍する機会は平等にあるし、結果を出せばそれに見合ったものが得られる。だから「民主主義」だ。

これと同じような体制を取っているのがプロ野球の球団。

現在、阪神タイガースのオーナー付シニアディレクターを務める星野仙一さんは、１９８７年に中日ドラゴンズの監督に就任した。この当時は若者を指す「新人類」が流行語になっていたが、星野さんはこんなことを話していた。

「みんな新人類はよくわからないと言うが、それはリーダーが逃げているだけ。新人類だろうと何だろうと、俺のチームはこういう目標でやっていて、そのためにこういう手法を取る。それを選手にわからせるのが俺たちの役目だ。それがわからないなら、チームを去ってもらって全然かまわない」

もう20年以上も前の話だから、この方法がいいかどうかは検証する余地がある。ただ、目的を明確にして、その手法をきちんと管理・指導することの重要性は今も変わらない。

よく「指示待ち族ではいけない」と言われる。もちろん、いつまでも黙って指示を待っているようでは駄目だが、部下が指示を必要としているなら、やるべきことを示してやる。明確に指示してもできないなら、本人が悪いだけのこと。

そして、今は管理職が一番働かなければならない。仮に営業部長の売り上げが「今月ゼロ」では、部下に対して何を言っても説得力・信憑性はない。「管理職」は本来「管理指導職」であり、リーダー自らが率先垂範でいかなければ部下は納得しない。「上乱るれば、下自ら乱る」の格言どおり、リーダーがしっかりしていなければ、たちまちチームが崩壊する。これもまた、クレーム対応の礎を築く思想の1つである。

部下を成長させるためには交渉をどんどん任せる

金融危機などの影響で、大手企業でも簡単に稼ぐことができない時代になった。稼ぐために、生産性を上げるためにはどうすればいいか。そのためには、生産性を下げる要因を排除することが必要で、その対策の1つがクレーム対応。これは、問題発見・解決能力を必要とする作業だ。

これを磨くためには、前出の3つ以外にもう1つ手法がある。enジャパンのアンケートの中に、「人の育つ組織であったと感じるのはどんな点か」について質問している。その中で最も多かった答えが「難易度の高い仕事を早いうちから任せる」。

クレーム対応は交渉事の一種で、難易度がきわめて高い仕事。だから、これを新人のうちから任せれば能力はグンと向上するはず。しかし、新人はこの能力が稚拙なので、問題をこじれさせてしまう危険性も高い。そこで、まずは社内で起きたクレームの解決にあたらせるのだ。

社内では、双方の勘違いや不十分な連絡などが原因でトラブルが発生する。その場合、上司が「俺が部長に1本電話してやるよ」と簡単に解決させてしまうと、部下の能力は伸びない。多少心配かもしれないが、とにかく任せてみる。社内のトラブルなら、「あの新人が生意気なことを言っているよ」と揶揄《やゆ》されることはあっても、取り返しのつかないところまでこじれることは少ないだろう。交渉能力を身につけるには場慣れが必要だから、どんどんやらせればよいと思う。

部下には「ホウレンソウ」(報告・連絡・相談)と確認を徹底させることも大事だ。「ホウレンソウ」は上司の顔色をうかがうため、あるいは自分がやっていることを上司にアピールするためと捉えている人もいるようだが、それは違う。報告・連絡・相談、そして確認は、自分を楽にさせるためにやるのだ。

トラブルが起こってもすぐに報告しないと問題が大きくなる。後から「こうなっていました」と報告しても、「何でその前に報告しないんだよ」と言われれば、それ以上は何も返せない。新人だと、「あの上司は怖そうだ」「忙しそうだな」と遠慮をしてしまうかもしれないが、そんな必要はない。

中には「そんなこと、いちいち言ってくるな」と怒る上司もいるが、「私にとっては『そんなこと』ではないんです」と言い返してもいいから、とにかく報告・連絡・相談・確認は怠らないこと。「聞くは一時の恥、聞かぬは末代の恥」のことわざがあるが、聞かなければ末代どころか、すぐさま本人が大きな恥をかくことになる。クレームへ的確に応じる技術の意識づけの第一歩だ。

問題発見・解決能力をつけるためにやるべきことは組織の一員として必要なものだが、それだけではない。個人にとっても同じことだ。私たちは、言うなれば自分を運営している。その「自己運営者」としての心得も今まで書いてきたことに通じる。

前出したカメラマンは、自己運営者としては最悪の部類に入る。知人はカメラマンとの間に起こったトラブルを1対1で解決しようとした。ところが相手は、「その件は編集者の○○さんにお任せしてあります」「△△さんにお話ししました。編集長と相談して対応をお決めになるとのことでした」など、「自分のバックにはこんな人がいるんだよ」と人任せの対応をしてきた。数の力で相手をねじ伏せようとしている。

しかも、自分がなぜこのようなトラブルを起こしたのか、その原因については一切触れず、謝罪もない。言い逃れもまったく理にかなったものではなかった。

私たちはビジネス人としてだけではなく、ひとりの人間として問題発見・解決能力を磨いていかなければ、いつ、どんなトラブルに巻き込まれ、やられてしまうかもしれない。それを想定し、いい意味での「人転がし」を学ぶ時期にきたと認識せざるを得ない。

第1章

あなたの周りには危機的状況があふれている

ビジネスにおいて、「思っていたとおり」はめったにない

『笑っていいとも！』で言い訳のご意見番をやっていたことがあるためか、「遅刻した時には、どう言い訳したらいいのでしょう」とよく尋ねられる。だが、はっきり言って言い訳はない。遅刻は、ビジネス人として重大だからだ。「急に子どもが熱を出した」「女房の具合が悪かった」「風邪気味だったので病院に寄ってきた」などと言う人がいるが、それが通用したのは携帯電話が普及する前、固定電話でやり取りしていた頃だ。今は、正直に「寝坊した」「失念していた」などと言うほかない。

ただ、「電車が遅れる」などの不可抗力（英語では「Ａｃｔ ｏｆ Ｇｏｄ＝神の行為」と表す）は起こる。これは、計算どおりにいかないことの１つ。待ち合わせ時間よりも早く着くように出ることで、ある程度は対処できる。初めて行く場所なら30分前、何度も行ったことがあるなら10分前に到着するように、余裕を持って行くことは必要。だが、「電車が遅れたら困る」と、２時間も前に着くように出る人はまずいないはずだ。いつもどおり10分前に着くつもりで出たら、電車が止まってしまって約束の時間に遅れてしまった――

このように、自分以外のことはあらかじめ計算できない。その時にどうするか。

ダイヤが乱れていて到着時間が読めないのに、約束した相手に「20分後ぐらいには着きます」などと適当に連絡したらいけない。20分後に到着できなければ、余計に相手を怒らせてしまう。何時に約束した場所に着けるのかわからないなら、「今日の約束はやめましょう」と頼むほうがまだマシ。自分ができることと、できないことを分けて考えないから、適当なことを言ってしまうのだ。

電車の遅れに限らず、予想できない事態、計算どおりにいかないことはしばしば湧《わ》いて出てくる。私の友人が経験した例で説明したい。

友人は、販売促進用の商品などを企画している会社に勤めている。彼の元に、ＰＲ会社・Ａ社のＢ氏から電話がかかってきたのは２００８年の2月。子どもたちに人気のあるお菓子の販売促進用商品を作りたいとの依頼だった。そこでＡ社へ出向いて打ち合わせをし、その後、企画書と商品のデザイン案をＰＲ会社宛に送った。しかし、しばらく何の連絡もなかったので、この話はなくなったものだと思っていた。それから1カ月ほど経《た》った3月、急にＢ氏から「5月初旬には商品を完成させたいので、4月の中旬までに工場に発注したい。至急、商品の正式なデザイン画と仕様書を作成してくれないだろうか」との連絡が。友人は同僚の助けを借り、大急ぎで依頼されたものを作成。Ａ社に渡した。再びＢ氏から連絡があったのは4月末。「菓子メーカーの都合で、商品の製作が延びている。場合によっては、かなり先になるかもしれない」とのこと。その時、知人はあまり気にせず、「そうですか。じゃあ、決まったら連絡くださいね」と答えた。

しかし、5月に入ってさすがに「おかしい」と思い始める。しかも、A社に別件で郵送した企画書が郵便局から戻ってきてしまった。そこでA社のホームページを見たところ、閉鎖されている。企業情報を掲載している、リサーチ会社のサイトでA社について確認すると、「破産申請へ」と出ていたのだ。

驚いた友人はB氏に電話。すると「破産するかもしれません」などと言う。友人は「それはお気の毒ですが、御社の都合だから私には関係ありません。それより、お渡ししてある商品企画はどうするんですか？　以前『製作が延びる』とご連絡をいただいた時に、『ボツにはなりませんか？』と尋ねましたよね。あなたは『絶対、ボツにはしません』とメールを下さったじゃないですか」と抗議。するとB氏は、「そんなメールを送りましたっけ？」などと答える。B氏は自分が失業してしまうから、パニックになっていたのだ。「破産しそうなのはいつ知ったのですか？」「2週間前です」「何でその時、私に電話してくれなかったのですか？」「いろいろ動揺していて」「動揺って、何に？」「会社が……」「だから、私は関係ないですよ。それより企画した商品はどうするんですか？」「いや、ちょっと……」「ちょっとじゃなくて！」。

こんなやり取りの後、友人は「御社のことを関係者に報告しなければならないから、まず、経緯を文書にして送ってください」と依頼した。送られてきた経緯書は、次のようなものだ。

【経緯内容】

2008年2月期
代表より
・事業方針として、販促用商品の製作に集中する
2008年3月期
・メーカーC社及び総合商社D社のPR誌の制作から撤退（契約スタッフの解除）
・販促商品の企画提案を3社に向けて行う
2008年4月期
・お菓子メーカーへの販促商品製作が決定
2008年5月期
・2月、3月期の売上が目標から大きく下回ったため、給与が遅延（代表より）
・メーカーE社への商品企画提案遅れで、企画内容変更及び時期変更（E社への謝

罪）
2008年6月期
・給与遅延及び転職要請（専務より）鍵の返却要請
・6月○日よりA社には入室できないとの報告、その後解雇通知
突然の解雇告知及び保険関係の手続きの説明を○日に受け、現在に至ります。会社そのものが、どのような状態なのか、現時点では不明ですが、各取引先様からお伺いするところによると、「△△法律事務所」の弁護士より受任通知書が届き、A社の債務整理を担当する旨の書類が6月△日付で届いているとのことです。（中略）
私もそこまでの状況になるとは予測もつかず、さらに自身の解雇ということで途方にくれていたため、皆様へのご連絡が遅くなりましたことは大変申し訳なく思っております。（後略）

その後、この会社からは何の連絡もないそうだ。一度、「債務調査をするから請求書を送ってくれ」と言われて7月に送ったが、半年以上過ぎても何の連絡もない。

こういうことは、大なり小なり起こりうる。会社が破産するだけではなくて、決まっていた仕事がつぶれる、信じていた人が背信行為をしたなど、想定外のことはいろいろある。

それが、自分の身に起こったとしても不思議ではない。B氏は、「会社は存続する」「会社は守ってくれる」と思っていたはずだ。そこに問題点がある。会社は破産して、本人は解雇となり、途方にくれてしまった。でも、途方にくれるのは友人の方だ。

自分はコントロールできても、他人にはできない。多くの人と関係性を保ちながら進めていくことにおいて、自分の計算したとおりにいくと思ってはいけない。常に最良と最悪の両ケースを考えていなければ危ない。他人はコントロールできないという観点から言えば、上司が部下に対して持つ「期待度」も裏切られることがある。上司が部下に10段階の10、自分が期待している最大の結果を求めることがあるが、それは無理なこと。10やるように指示しても、ほとんどの人は6くらいしかできない。7までできれば良いほうだ。上司は、自分が10できるから「こいつもできるはずだ」と考えるのだろうが、他人は自分の計算どおりには動かない。どうしても10を求めるなら、部下にやらせず自分でやったほうが早い。

想定外のことが常態化してしまった脆《もろ》さと怖さ

私の知人は、先達て少額訴訟を起こし、勝訴した。その経緯は次のようだ。

知人は建築士の免許を持ち、小さな設計事務所を経営している。2006年末には、あるケーキショップ・チェーンの店長から新店舗の設計と内装デザインを依頼された。店長は、女性に人気のあるキャラクターを壁にあしらいたいと話す。知人は「それはよいのですが、著作権などの問題が絡みます。それは大丈夫ですか」と尋ねた。店長の答えは「ちゃんと許可を取っていますから、問題ありません」。知人はキャラクター使用の合意書を見せてほしいと頼んだが、店長は「今度お見せしますから。それより、当社の社長も交えて打ち合わせしましょう」。知人はチェーンの社長とも打ち合わせをして、店舗の方向性を決定。

その後、店長からいくつかの変更要請があった。知人が「そこを変更すると、当初の予算よりも高くなりますが……」と告げると、「かまいません。資金のめどは立っていますから」と即答している。設計図も内装デザインも出来上がり、あとは業者に依頼して施工に取り掛かるだけになった。ところが、いくら「キャラクター使用の合意書を見せてください」と頼んでも、店長は「そのうちに……」「今は本社にあるので、今度持ってきますね」としか言わない。しかも、工事に着工しようとすると、今度は「資金面で不安があるので、もう少し待ってほしい」と予定を延ばそうとする。

そのうち、店長と連絡が取れなくなったので、社長に尋ねてみると「彼は店を辞めた」とのこと。おまけに「店長が辞めてしまったので、新店舗の計画もなかったことにしてくれ」と言い出した。よく話を聞いてみると、社長との打ち合わせ後に店長が申し入れてきた変更の数々は、彼の独断だったのだ。しかも、キャラクター使用の許可も取っていなかったことが発覚した。

知人が設計業界の友人にこの話をしたところ、そのケーキショップ・チェーンは建築業者の間でも評判が悪いらしい。建築にかかった費用を踏み倒したり、工事の途中でやたらと設計やデザインを変更してくる。「あそこの社長は、腹黒いよ」とまで言われた。

設計図とデザインはできており、施工業者やインテリア会社にも依頼済みの仕事を一方的に破棄された知人は、それまでの労力や依頼した人たちから失った信頼を補償してもらいたいと、少額訴訟に踏み切ったのだ。店長はすでに退社している。だから、裁判の相手はケーキショップではなく、店長個人になった。店長は逃げ回っていたようで、最初は居所がつかめなかった。しかし、裁判所が突き止めてくれたおかげで、訴訟が可能になった。

店長は口頭弁論を欠席。知人の請求内容はすべて認められた。

知人が早い工程で「合意文書を見なければやらないよ」と言っていれば、ここまでこじれることはなかっただろう。それが、彼の計算外だ。ただ、店長の立場にいる人間がこんな詐欺まがいのことをするとは、あまりに想定できない。裁判所が知人の請求をすべて認めた要因も、「責任ある立場の人が、こんな悪質なことをするとは許しがたい」だった。

だからこそ、先ほど書いたように、最悪のケースも想定しておかなければならないのだ。「どこかに悪い部分があるはずだ」「すきのあるところがあるはずだ」と想定する。知人のケースなら、合意文書をなかなか見せてもらえない時に、「ここまではぐらかすのなら、本当は合意など取れていないのだろう」と早く見極めて対処することだ。あるいは、「キャラクターの著作権者にご挨拶《あいさつ》に行きましょう」と持ちかけてよかったかもしれない。

この店長の場合、くだんのケーキショップで働き始めたこと自体が想定外だったのかもしれない。社長は業界でもうわさになるほどあくどいことをしているのだから、店長に対しても「建築費用なんかごまかせ」ぐらいのことは言っていた可能性は否定できない。想定外の悪質な会社に自分が飛び込んでしまった結果として、「悪の片棒」を担ぐことになったのだ。これは、店長にとっては想定外のことだっただろうが、このケーキショップで働きつづけるうちに不規則なことが常態化してしまった。だから、人をだましても普通の人ほどには良心の呵責《かしゃく》を感じなくなったのだと思う。

このような窮地に追い込まれる人は増えてきたとも言える。ビジネス社会では、これまで以上に成果や数字的結果が求められるようになったからだ。この傾向が極端・急速に強まると、結果を出せない焦りやいらだちから、道を外すビジネス人も出てきかねない。そのすべてが人をだましたり悪質な行為に走るとは決して思わないが、社会の歪《ひず》みは人心を少しずつ蝕《むしば》んではないか。

私の知り合いは、ある自動車販売会社の営業マンから新車購入を持ちかけられていた。その営業マンは何回か彼の家へやってきたのだが、その時、知り合いに向かって「ほとんどのお客様は、私が掌《てのひら》の上で転がせば誰でもすぐ契約してくれますよ」「えっ、お客様も営業マンなんですか？　それなら、営業のコツをお教えしますよ」「僕は、かつてトップ・セールスマンだった上司から営業術を教わりましたからね。もっとも、手取り足取り教えてもらったわけじゃないんです。見様見真似《みようみまね》、いわば彼の技術を盗んだんです」などと自慢していた。これは相当失礼な発言。自分のお客の目の前で「掌の上で転がせば」と言い放つ神経は信じられないし、「あんな若造に営業のコツを教えてもらわなくても、ノルマぐらい達成できるよ」と息巻いていた。

ところが、その営業マンは契約書の不備で1人のお客を大変に怒らせてしまい、高級車の契約を白紙にされてしまった。始末書を書くだけでは済まず、人事異動で事務スタッフに回されてしまったのだ。別の営業マンに聞くと、彼はそのミスでパニックに陥っていたらしい。だが、誰も彼をなぐさめはしなかった。

こういう人は追い込まれやすい。自分のことしか考えていないからだ。しかも、往々にしてセールスが成功した原因を考えない。ただ、「売れた」と喜ぶだけだ。また、ハプニングが起こった時に慌てふためくのは、自分が普段取っている行動に明確な理由がないためだ。あとで理由づけしようとするから、ちぐはぐになって訳のわからないことを言い出したり、逃げたりする。普段から理由を考えている人なら、想定外のことが起こっても「これをこういうふうにすれば、こちらの方向へ進むのではないか」と考えることができる。そういう思考回路がないと、最後は開き直る、あるいは力でねじ伏せようとする。そして、「会社の決まり事だから」「法律で決まっているから」ととってつけたような言い逃れをする。

窮地を乗り越えられる人、できずにどん底まで落ちていった人

窮地を乗り越えられる人はどんな人かを考える前に、それを乗り越えた企業の事例を見てみたい。その共通点は人間にも置き換えることができるからだ。

景気の低迷が続き、政治・政治家に信頼がおけず、世の中が疲弊。そして、数多くの企業が潰《つぶ》れている。企業にも体力が残っていない。こうした状況を作り出した外的要因は、米国で起こったリーマン・ショック、金融危機であり、これもまた想定外のものだ。この要因を予想できたら各企業は対応できたとは言い切れないが、その中でも2ケタ増益の会社が存在する。

日本経済新聞社が上場企業の2008年度の業績見通しを集計したところ、経常利益が前期に比べて2ケタ増でかつ最高となる企業（経常利益50億円以上）が54社に達することが判明した。これらの企業におけるキーワードは、「低価格」「新市場」「環境」だ。

54社すべてが、今まで順風満帆で来たわけではない。だが、こういう状況へ陥った時に成長する力があり、独自の強みを活かした企業が収益を伸ばしている。この不景気の中、他社と同じことをやっていたら潰れる。危機を乗り越えられた企業は、他とは違うことを

やったから乗り越えられたのだ。

では、何が違うのか。1つは具体力だと思う。今まで、いろいろなことが曖昧《あいまい》で済んできた。それは、会話にも当てはまる。「頑張ります」「一生懸命やります」と言えば、たいていの人は「そうか」と納得していた。だが、今はそれでは済まなくなってきた。「何を頑張るのか」「何を一生懸命やるのか」「どういうふうにやるのか」まで考えないと、相手から突っ込まれてしまう。具体力とは突きつめて考えることだが、それは「何だろう」と考え続けながら核心に近づくこと。10段階あるうちの2段階目、3段階目まででやめてしまっていたものを、少なくとも5段階目、6段階目まで考えていかないと、問題解決にならない。クレーム対応もそうだ。相手は何が不満なのか、その不満はなぜ起こったのか、何をどう求めているのか。そこまで把握して分析していかないと解決しない。

ビジネスの世界で「以心伝心」「暗黙の了解」はもう通用しない点は前にも述べた。特に、指導者が具体的に指示できるどうかでビジネスの成否さえ分けてしまうことも多い。それができない人は、「ダメなリーダー」と言われてしまう。リーダーに求められているのは、管理能力よりも指導能力なのだ。

私の知人で、44歳で初めて管理職（課長）になった人がいる。彼は、当初「今の若い連中は基本がなっていないから、そこから徹底的に管理しようと思っている。この日に備えて、マネージャーのノウハウ本はたくさん読んできたんだ」と言っていた。その意気込みには感心したものの、「管理」の言葉に私が妙な違和感を抱いたのも事実。その後は連絡がなかったので、「便りがないのは良い便り」と、その活躍ぶりを信じ込んでいた。

そのうち「若いのが言うことを聞かないんだよ。管理されることに慣れていないんだな。もっとギューギューやらなきゃ」と威勢のいいメールが届いた。

ところが、その1カ月後に彼から電話がかかってきた。「若いのが部長に俺のスパルタを言いつけ、挟み撃ちで進退窮まった。どうしたらいいんだろう。『これはこうやるといいよ』と部下へアドバイスしても無視されるし」と涙声にさえなっていた。

「管理」を辞書（角川『必携国語辞典』）で調べると、「組織や施設などを、運営したり安全をはかったりすること」とある。どちらかと言えば形を整えるとか、維持する旨の言葉だろう。生身の人間に何となくそぐわないのも無理はない。一時期はやった管理野球は成果を収めたこともあるが、決して長続きはしなかった。それは「管理すれば（上司の言うことを聞いていれば）、良い結果が出る（成功に近づく）」の方程式をこじつけたからだと思う。

人の上に立ったら、まず模範を示すことが重要。部下より働き、考え、実績を上げる。

これらに若い人は尊敬の念を抱き、共感・共鳴するのだ。マネージャー風を強く吹かせるだけで、口先だけのデスク族では同僚の支持を得られるわけもない。良い結果を出させて、初めて管理する資格が得られる。先の知人も実績に基づいた指導を二の次にした点が失敗のもと。一度ついた「精神論を振りかざす鬼軍曹」のレッテルはなかなか取り除けず、この先しばらくは針のむしろにいる心境だろう。

「指導」は「具体的なことがらについて技術ややりかたなどを直接教えること」（前出・辞典）。世間には教え上手と呼ばれる人がいる。余計な言葉を使わずに、ポイントだけを端的に指摘。わかりやすく指南していく。相手の課題を正確に見つけ、その解決策をタイミング良く教えられる人たちだ。意味のない上下関係意識を取っ払っているだけではなく、課題を共有化して協働するのが特長だ。

先の知人にこんな話をすると、彼はこうつぶやいた。

「俺にも上司（部長）がいたんだよなあ。お山の大将になったような勘違いをしちゃって。しばらくは自分を管理するよ」

抽象的な精神論を振りかざされても、人は納得しない。リーダーが部下にとって必要なことを的確に、具体的に示せば、彼らは言われていることに納得し、指示に従う。この積み重ねがそのチームを強くし、ひいては会社全体の体力を向上させるのだ。

先の54社は、「低価格」「新市場」「環境」のキーワードに沿って独自の強みを具体化した。

ファーストリテイリング（ユニクロ）は、防寒素材・ヒートテックを使った肌着、洗濯機で洗っても縮みにくい薄手ニット、女性用の細身カラーパンツなど、特徴的な商品を低価格で提供。

ファミリーマートは、自宅で食事する流れを取り込み、弁当や総菜などの販売を拡大。これも低価格・節約志向を捉えて具体的な商品戦略として落とし込んだもの。

ワタミは海鮮処「和民市場」、ごはん酒房「然の家」の業態を整理し、居食屋「和民」、語らい処「坐・和民」、炭火焼だいにんぐ「わたみん家」などへの業態転換を図り、既存店の採算を改善した。これも低価格・節約志向に沿った改革で、同社は新市場を開拓したことでも知られている。店舗を居酒屋ではなく「居食屋」と位置づけ、飲酒もできるが家族連れでも利用できる店作りに努めてきた。

これらの企業は、「不満」「不安」「不便」「不足」「不測」「不思議」「不快」「不備」の「8つの不」を的確につかんで具体化した。「10年かけて研究した結果、作ったものだからいい商品だ」の発想ではなく、「今はどんな傾向にあるのか」「消費者は何を求めているのか」を突きつめて検討。それを「8つの不」と照らし合わせて、「不」の部分、つまり多くの人が「問題だ」「嫌だ」「もっと便利にならないか」などと考えているマイナス面を解消する商品やサービスは支持されると想定し、展開したために利益を出すことができた。

もう1つのポイントは「空気を読まない」点だ。「KY（空気読めない）」が若い人たちの間ではやったことでもわかるように、ほとんどの人は「空気を読めないとダメだ」と思っているだろう。だが、私はそれを読まなくてもいいと思う。読みが優先された場合、その空気が間違っていたらどうするのか。みんながワイ談をしているとしよう。そこで黙っている人がいたら、空気を読んでいないと非難するだろうか。その人は、ワイ談は下品で嫌だと思っているかもしれない。

空気を読むことだけを重要視すると、それに同調しなければならない。状況が正しくても間違っていても、品があろうとなかろうと、それに合わせることを表した言葉なのだ。他人の行動によって、自分の行動を決める状態だとも言える。これは、企業の成長にも通じる。「他の会社がみんなやっていることだから」と同調しても、それは消費者が求めていることとは限らない。だから、空気は読まなくていい。おかしいことは「おかしい」、正しいことは「そのとおりだ」と毅然《きぜん》とした態度を取ることが大切。状況に応じて適切な態度を取ることを意味するなら、「空気を読む」よりも「TPO（時間・場所・場合）をわきまえる」と言い換えたほうが適切だ。

クレーム対応では、まさにこの毅然とした態度が求められる。担当者の態度がはっきりしないと、「やっつけてやろう」と考える人間はたくさんいる。難局を乗り越えた人は、毅然として動じず、慌てふためいたりしない。会社が潰れたからと頭の中が真っ白になってしまう人とは違い、「自分が会社を建て直せるわけでもないし、しょうがないな。今日から転職活動を始めよう」と考える。

逆に、物事に動じてしまう人は、窮地を乗り越えられない人だ。会社が倒産しても、誰も転職先を見つけてくれるわけではないのだから、「どうしよう」と言っても始まらない。それなのに、途方にくれてやるべきことをやらない人は、周りの人からも追いつめられるし、自分で自分の首を絞めることにもなる。

具体力がない人も危機を乗り越えることができないだろう。

ある女性社長は私に「有名になりたい」と言ったのだが、「その目的は？」と尋ねると何も答えられなかった。これは「自分の行動に理由がない」にもつながる。「私はこうだから、こうする」の習慣がないから、少し突っ込まれるとお手上げになってしまう。

場数を踏むだけでは、ピンチを切り開く技術は磨かれない

私は、クレーム対応の講演でいつも「クレーム対応が上手そうな有名人は誰ですか」と質問している。男女1人ずつ挙げてもらい、その理由も話してもらう。参加者によって、その答えに多少の差はある。学校の先生を対象にした講演では、職業柄「3年B組金八先生」で主演した武田鉄矢さんの名前が挙がる。

時々、クレーム対応が下手そうな人についても質問するのだが、2008年の7月にある役所で聞いた時には、福田康夫総理（当時）の名前が出た。その2カ月後に辞任したのだが……。

いずれも正解があるわけではないのだが、クレーム対応が上手そうな人としてよく出てくるのが、男性はみのもんたさん、島田紳助さん、タモリさん、ビートたけしさん。女性なら安藤優子さん、田中真紀子さん、田丸美寿々さんなどだ。この人たちの共通項は、田中真紀子さん以外はキャスター、アナウンサー、MC（司会者）と呼ばれる人であること。島田紳助さんやタモリさん、ビートたけしさんは芸人だが、番組で司会を担当することも多い。上手そうな理由には、多くの人が「聞き上手」と答える。まず、人の話を聞いてか

らでないと発言しない。わからないことは「どういうこと?」とその場で聞いて、完全に理解してから答える。これが高い評価を得ている理由だ。

この人たちは当然、相当の場数を踏んでいるはずだが、それだけでクレーム対応はうまくならない。私は、講演を始めた頃は体全体がガタガタ震えていた。しかし、何回もやっていくうちに気にならなくなる。確かに、場数を踏めば度胸はつく。だが、それだけのこと。TPOをわきまえるとか、「どういう参加者か」「何を求めているのか」「何がウケるか」「何が支持されるか」「どこの反応が良かったか」などの場を読む力にも長《た》けてはくる。だが、講演の構成や展開はまた別次元の問題だ。

これをクレーム対応に置き換えてみよう。「クレームの電話を1日100本受けています」「対応を長年やっています」だけではあまり意味がない。場数を踏めば、相手がどなってきても平気になるが、それは悪い意味で感覚が麻痺《まひ》しているだけだ。そうした間違った度胸だけしか身につかないから、切り返しや相手の失敗を見つけて突っ込む、こちらのペースに持って行くなどの技術は拙《つたな》いままだ。

ただ、これは自分ひとりで練習できるものではないから、場数を踏んだ上に実体験を重ねていく中で、自分で工夫して構築していくしかない。相手は怒っているのだから、失敗することも当然ありうる。ただし、失敗しない時もある。だから、失敗した原因、うまくいった理由を考える習慣が必要だ。

部下がクレーム対応で失敗した時に上司が怒ることは、確かに一理はある。だが、失敗しなければ、部下のクレーム対応は上達しない。つまり、部下に失敗もさせられない上司は、部下を育てることができずに評価されないのだ。クレーム対応は、相手が誰だかわからず、何を言ってくるかも想像がつきにくい。それが読めないから、最初は失敗の方が多いだろう。

もちろん、失敗してもいいと言っているわけではない。「場数を踏めば何とかなる」「経験が長くなればうまくなる」と考えることはやめなければならないのだ。先ほど挙げたクレーム対応の上手そうな有名人でも、視聴者の気に障ることを言ってしまった経験はあるはずだ。テレビ局にはたくさんの視聴者から電話がかかってくるが、その中にはクレームの電話もある。こうした失敗の中から「こう言ったほうがいい」「こう言うと、見ている人はこういう反応をする」「このケースでは、自分ではなく他の人に言わせたほうがよい」などを学んでいったに違いない。

場数を踏んだことで、間違った度胸をつけてしまってはいけないと思う。社員旅行の宴会で裸踊りをする人がいるが、あれは間違った度胸だ。社員のほとんどは、そんなものは見たいとは思っていないはずだ。

クレーム対応は場数を踏めば何とかなるものではないが、一方では相手が何を求めているかできるだけ早くつかめる訓練にはなる。電話をかけてくる相手は毎回違うのだから、その都度、「この人は何を不満と思い、何を求めているのか」を速やかに把握することが必要だ。それを意識的にやるなら、場数の意義はある。講演講師の中には、「先月は30本あったんですよ」と自慢する人がいる。しかし、その人の名前はほとんど知られていない。極端に言えば、近所の人たちを前にして話しても1本の講演と数えることができる。それをもって場数が重要と言うなら、まったくのお門違いだ。数の論理だけで考えるのはやめたほうが無難だろう。

ここまでは「数を増やす」論理だが、「数を減らす」論理にも落とし穴がある。クレーム対応の電話を受けると、「今回は30分かかったが、これは長い。今後は15分に縮めよう」と考える人がいる。しかし、単に時間を短くするのならまったく意味はない。贅肉《ぜいにく》を落として、もっと効率的にやることが目的ならいい。所要時間を減らすことだけが目的になると、相手が十分に納得しないままで電話を切ることになりかねない。

クレームが1回の電話で解決するのなら、1時間かかってもいい。たとえ1回15分の電話でも、それを6回やらなければ1つのクレームが解決しないとしたら、その方が問題だ。電話時間が多少長くなっても、クレームをきっちり解決すればお互いに不満足感が残らない。そのためには、先ほど取り上げたクレーム対応が上手そうな有名人が実行している「聞き上手」、相手の言うことを徹底的に聞いてから話すことが活きてくる。ただし、話を聞いているだけでは前に進まない。聞いてから何を言うかの言語反射神経がないとダメだ。

私がTBSのトーク番組「新知識階級クマグス」に出演した時、司会を担当するアイドルグループ・V6のメンバーは反応が早いし、わかりやすいフレーズで面白いことを言う。私が特に面白いと思ったのは、井ノ原快彦さんの発言。好意を寄せた女性の車のワイパーにコンドームを19個も挟んだ男の言い訳は、「愛情表現としてやった」だったが、これを聞いた井ノ原さんは、即座に「もっとわかりやすくしてよ」と言ったのだ。「確かにね」と納得できるし、思わず笑ってしまう。

また、飲酒運転や薬物使用で前科3犯の男が「俺みたいなバカは事件でも起こさないと直らない」と言い訳。それに対して三宅健さんは、「自分で治療するためにね」と突っ込んだ。半分は呆《あき》れ、でも半分はこの男の言語反射神経に感心した様子だ。彼らの場合は、いい意味で場慣れしている。「こういうことを言ったらウケた」「これはイマイチだった」など体験を次に活かしているのだろう。

トーク番組の中には、残念ながらあまり質が高くないと感じるものもある。

ゲストを呼んでおきながらその人を貶《けな》す番組。これはトーク番組とは言えない。本来はゲストが主役なのに、そういう番組はホストが主役になってしまっている。

それに対して、V6などうまいホストは、話題が自分にとってよくわからないものであっても、「何か面白いことがあるかもしれない」と相手の話を真剣に聞くし、聞こうとする意志を感じる。私が出演した日は、言い訳以外にUMA（未確認生物）とダニがテーマだった。普通はたいして興味を抱かないものばかりだが、彼らは本当に面白がって聞いているし、質問もしてくる。

クレームを聞くのが好きな人などいない。しかし、相手の話を上の空で聞いたり、嫌々対応していると、相手には「嫌々聞いているな」とわかってしまう。真剣に聞こうとする姿勢を示さないといけない。言語反射神経は場数を踏み、相手の反応を見ることで養っていくことができる。

ピンチはピンチであって、決してチャンスではない

「口八丁」とは切り返しの手法だが、間違ったそれは身を滅ぼす。私の隣人は、以前勤め

ていた保険代理店の後輩が「契約が取れない」と嘆いていたので、自分の友人を紹介した。

ところが、その友人が彼に文句を言ってきた。

「キミの後輩は、保険内容をロクに説明もしないで契約させようとする。それに態度があまりに横柄だから、申し訳ないけれど保険契約はお断りしたよ」

腹が立った彼は、後輩に次のような手紙を書き送った。

「貴殿が○○さん（彼の友人）にあまりに無礼な態度を取ったと聞きました。もうこれ以上、貴殿とは関わり合いになりたくありません。今後は一切、連絡してこないでいただきたい。また、貴殿のブログには私に関して『尊敬する先輩』の記述がありますが、きわめて心外です。その文言を含めて、私に関する記述を一切削除してください」

数日後、彼の元に後輩から返事が届いた。

「お申し越しの件につきましては、△△さん（隣人）が私の先輩であることは間違いなく、またブログを書いた時点では尊敬していたことも確かです。そのため、△△さんに関する記述を削除する理由になるかは疑問ではありますが、きわめて不快とのことですので、『尊敬する先輩』の記述をはじめ、△△さんに関連する記事はすべて削除します。△△さんとは価値観が違いますから、これ以上やり取りしても埒《らち》があかないと思いますので、言われるまでもなく今後はご連絡いたしません」

この手紙は、隣人の感情を逆なでした。特に、後輩の手紙には歪《ゆが》んだオウム話法が見られる。

一般的には、相手が言ったことをオウム返しすると共感が生まれると言われる。「今日は、大渋滞に巻き込まれてまいったよ」「大渋滞ですか。大変でしたね。運転されていてお疲れになったんじゃありませんか?」「そうだね。腰がちょっと痛いな」「腰痛ですか。今はつらくないですか。もしまだ痛むなら、ソファのある部屋に移りましょうか」と、相手の使った言葉を繰り返しながら、「あなたの言っていることは、ちゃんと聞いていますよ」と示しつつ、相手をいたわる。

しかし、この手紙のように「不快だ」と言った相手に対して「不快なんですね」と繰り返せば、「何を言っているんだ」と怒りを買っても仕方がない。負のイメージがあったり、否定的な意味合いの言葉を繰り返すのは逆効果だ。

ピンチを切り開くためのやり取りをする時に、「すれっからし」と呼ばれる悪い意味の度胸がついていると問題だ。解決にもっていかなければならないのに、「私はこう思っているんですけれどね」「価値観の相違です」「見解の分かれるところです」など、悪い口八丁で応じてしまうからだ。本来「価値観」「見解」は人それぞれ違うものなのだから、切り返しにもならない。

「ピンチはチャンス」の言葉はうそだと思う。ピンチはピンチでしかない。チャンスと思っていたら、迷惑を被った人に失礼ではないか。だが、この後輩にとってはチャンスなのだ。それは、「相手が文句をつけてきたんだから、こっちも反抗してやろう。今がそのチャンスだ」の考えに基づいたもの。それは、言うまでもなく間違った考え方だ。

クレーム対応も同様で、ピンチはチャンスではない。だから、ピンチを切り抜けるためには、ただ場数を踏めばいいのではない。ピンチとは何か。それは人に迷惑をかけたことだ。ピンチの解釈を間違えてはならない。

もう1つ、相手が難癖をつけてくるピンチもある。しかし、それを解決することはそれほど難しいことではない。「物的証拠を持ってきてください」など毅然と対応すればよい。問題は、こちらに多少なりとも非がある場合。非がある時にピンチだと思っていない人は、文字どおりに窮地を乗り越えられない人。だから、ピンチの定義をはっきりさせないといけない。人に迷惑をかけて、何とかしなければいけない状況。危機意識がない人とは、この認識がない人だ。

先に登場した隣人の後輩は、今までは仕事上で厳しいことを言われた経験がないのだろう。むしろ、周囲からちやほやされてきたそうだ。何か失敗した時も「ああ、いいから、気にしないで」と言われて、ペナルティなど科されたことがない。それをなあなあにしておくと、けじめがつかず同じ失敗を繰り返してしまう。誰でも、痛い目に合わないとわからないものだ。

想像力の高い人なら、このようなことにはなっていない。「不愉快な思いをさせてしまった」「傷つけてしまった」が優先されるはず。

ところが隣人の後輩は、「私が言っていることが正しい」「あなたが間違っている」とお山の大将になって主張している。「言いがかりをつけるな」と逆ギレしているのだ。

厳しい状況に置かれたことで、自分自身が変わり人間関係も改善できた事例を、目の当たりにしたことがある。

「人は根本的に変わらない」と信じている人がいる一方で、「人は変わる、変えられる」と力説する人も少なくない。

著名な女性経営者に約2年ぶりに会った時、私はその様変わりに驚いたことがある。この方は以前、人の失敗や弱点をたたみかけるように突き、自分を有利な立場に置いて、作ったペースで話や事を進めるタイプだった。失敗した人は多少なりとも後ろめたさを持つ。低姿勢にならざるを得ないが、指摘されつづけると「反抗感情の芽」が一気に噴き出す。どんな理由があっても「過ぎたるは及ばざるがごとし」。逃げ場を作らず、徹底的に追いつめるのは得策とは言えない。

それが、今では二言目には「すみません」と発し、終始丁寧な口調へと転じていたのだ。周囲の人から伝え聞くに、問題を起こした取引先の担当者をこれでもかこれでもかとつるし上げた結果、相手が精神的疾病状態に。逆に強い抗議を受け、一時は泥仕合を演じたのだ。彼女が得たものは当時何もない。徒労と疲弊、焦燥感、虚無感が残っただけだ。

失敗は失敗として、すぐ解決する有効な思想と工法を編み出し、実行することが重要だ。当該者を責め立てるのが目的ではないし、感情のこじれは問題の肥大化を必ず引き起こす。相手に失敗を深く自覚させ、解決意思・努力を喚起させたほうがどれだけ生産性が高いか。「初期の行動さえ迅速にきちんと行えば、クレームは難なく片づく」と多くの企業・苦情担当者が話す。

トラとブルドッグがぶつかっているうちは事故で済むが、トラックとブルドーザーの正面衝突は事件。「他人のあら探しは、何の役にも立たない。相手は、すぐさま防御を図り、何とか自分を正当化しようとするだろう」と、アメリカの作家、デール・カーネギー（1888～1955）は著書『人を動かす』で、クレーム対応の眼目を述べている。

いけないことはいけない。ただ、杓子《しやくし》定規の常識論で説得するのはいかがなものかと思う。説得よりも納得。相手が思わず「なるほど、そのとおり」と感じ、改善へ実行するストーリー作りこそ、人心をつかんで活かす眼目だ。攻撃的な自分を変えれば、他人の受け止め方はがらりと変わる。

しょせん、過去と他人は変えられない点を強く認識したい。女性経営者は、無益と思われた泥仕合の中からこのことを学んだのだろう。だから、人への接し方が変わった。

逆に、周囲からちやほやされる関係、意見する人が誰もいない場合には、良好な人間関係や信頼は生まれない。それどころか、いつの間にか人が離れていってしまう。

私の知人の会社ではしょっちゅう従業員が辞める。自分の夢や希望をかなえようとするなど建設的なものならわかるが、大半は後味の悪い去り方をしていく。「あの人にはついていけない」「やり方が合わない」はまだしも、「同じ空気を吸いたくない」「人間性を疑う」と言い放つ人もいるから、何とも由々しき事態だ。これといったことをしているわけではないのに自然と人が集まってくるタイプと、一時的には寄ってくるが、しばらく経つとくしの歯が欠けるように人が去っていくタイプがいる。

先の知人は、私とつき合っている分にはきわめて紳士。しかし、自分より年齢が下、また仕事の実力が今ひとつの人へは気遣いの手綱を相当緩める。無神経な発言を連発するのだ。その1つ1つが従業員の心へ刃《やいば》を刺す。

退職した男性は、「『失礼かもしれないが』と前置きして、本当に失礼なことを言いつづけるから信じられなかった」といまだに怒りを隠さない。

太っている、やせている、身長が低いなどの容姿で言い表したり、主義や主張を小バカにする。「仕方ないか、君でもいいや」などと軽く扱う……。言葉への配慮が皆無に等しい人は実に多い。その反面、こういう鈍感人は自分が言われると大騒ぎし、火がついたように怒り狂う。前述した隣人の後輩も、このタイプに当てはまる。

暴言や失言、罵詈雑言《ばりぞうごん》は相手を確実に傷つけて禍根を残す。「たかが一言」は放言した方の理屈で、言われた側はその時点で不満と不快感を抱く。それが引き金になって、不信感が募っていく。「根に持つ」とはあまり品のある表現ではないが、別れを後押しする大きな理由になるのは事実。思考の瞬時的な言語化の拙さが、人から疎んじられる最大の原因だ。こういう人は、切り返しでも失敗しやすい。

「スタッフがよく出入りするねえ。何か感じるところはないの？」

私は知人へこう聞いた。

答えは「人材は流動化したほうが組織を活性化できるんですよ。それにしても、最近の若い連中は打たれ弱いし、耐えることを知らない」

一理あるが、人は道具ではない。採用したからにはそこには責任が存在し、管理・指導していく義務が生じる。「釣った魚には餌《えさ》をやらない」思想では人の定着は実現できないだろう。教えることで教わるという構図を認識し、モチベーション（士気）を上げることが上に立つ者の役目。これをないがしろにした瞬間に人心は倦《う》んで、組織崩壊のベルが鳴り始める。

年を重ねていくと、子どもの頃に教わった規律・法則を忘れがち。しかし今、次のフレーズを再び頭に焼き付けてほしい。

「自分がやられて嫌なことは、他人へもするな」

特に言葉は心に深く刻まれて、なかなか消えない。ビジネスの成功をもたらす従業員の生産・創造性は、ちょっとした一言で大きく変わる。つい出がちな批判・叱責《しっせき》より、励ましや力添えの一言を優先するべきだと思う。ひいては、それが組織全体の高揚・成長につながるのだから。

この知人は、周囲に苦言を呈する人がいないから、自分の他人に対する接し方が間違っているとはわからない。そして、ピンチをピンチと認識できないのだ。

第2章

だから あなたは追いつめられる！

「あいまい」「無為無策」が窮地に追い込まれやすい人の特徴

日本人は予測していなかったイレギュラーな事態が起こったり、トラブルが発生すると、非常に脆《もろ》くなってしまう。それは、日本人がこれらに慣れていない、免疫をほとんど持っていないからだ。米国社会と比べると、理由がわかりやすい。米国は訴訟社会だと言われている。自分の名誉を守るためには、友人であろうと家族であろうと訴えてしまうことがある。文句があれば直接抗議するか、裁判によって問題を事務・機械的に解決するのが文化だ。

一方、日本の裁判は非常に手間と時間がかかり、結審するまでに多大な時間と手間を費やす。一般人は「裁判はよくわからないし、お金もかかって面倒」だと思っているし、実際、その手続きは簡単に済むものではない。だから、日本は米国のような訴訟社会にはなっていない。今後もなりえないだろう。

よって、日本人はトラブルが発生するとぐちゃぐちゃにしてしまうか、うやむやに終わらせるかの2つの選択肢しか思いつかない傾向が強い。前者は、元々のトラブルとは次元が違う論点を生み出してしまうことがある。相手を根に持って殴り込む、腹いせに無関係な人まで殺傷するなど悲惨な事件にまで発展するケースさえ少なくない。

また、インターネットなどに、匿名で「あのクソ野郎」と投稿したり、プライバシーを暴くなど嫌がらせが散見するのも最近の現実。米国文化に比べると、日本の文化は陰湿だと思う。これほどの事件や騒動にはならなくても、お互いの感情がもつれる、人間関係が崩壊するなどの小さな諍《いさか》いは数多く起こっている。

「うやむやに終わらせる」人は、ぐちゃぐちゃパターンより多いかもしれない。「喉《のど》元過ぎれば熱さを忘れる」のことわざがあるが、それと同じように「時間が経《た》てば、相手はこの問題を忘れてしまうはず」「いずれ問題は消えてなくなる」と考える人は目立つ。

しかし、それは逆で、時間の経過とともに問題はかえって大きくなる。ほうっておかれた側の心理を考えれば、それもうなずける。トラブルが起こった時にすぐ謝っていれば済んだのに、何だかんだと言い訳したり、開き直ったり、連絡も取らずに逃げ回っていれば「いいかげんにしろ！」と被害者の怒りは増幅する。

追いつめられる人の典型的なパターンは「逃げ回る人」だ。

相手が逃げようとすると、余計に追いかけたくなるのが人間の心理。「逃げ回る人」の中でも、特に自分がどういう立場にあって、何をすべきかをわかっていながらその責任を放棄した人に対しては、相手は容赦しない。「この野郎、逃げるんじゃねえよ！　責任を取れ」と追いかけてくる。自分ではうまく難を逃れたつもりでも、相手はあきらめないだろう。

追いつめられやすい、もう1つのタイプは「パターン化した人」。クレーム対応のマニュアルを丸暗記している人などが当てはまる。一定のパターンにはまってしまった人は臨機応変に対応できないため、イレギュラーな状況に直面すると手も足も出なくなってしまうのだ。状況に応じていろいろな手法を使うことができれば、トラブルを避けたり、すり抜けることはできるはずだ。

私は、講演でクレーム対応の術《すべ》について、次のような話をすることがある。クレームをつけてきた顧客が「これはどうなっているんだ!!」と説明を強く求めた場合。答えている途中で、相手は「もっと簡単に説明しろ」「わかりやすく言え」と言葉を挟んでくる。

文句を言ってくる人は自分の主張をとにかく聞いてほしいため、相手が答えている間もおとなしく聞いていない傾向が強い。口を出してきがちな結果、双方の言葉がかぶり、話がかみ合わなくなって「言い方が気に入らない」などとさらに怒り、要らぬ二次災害が発生するのだ。

こういった場合はどうするべきか。

「その時は『お願いです！　こちらの話を最後まで聞いてください！』と言ったら、相手は意表をつかれて黙ってしまうのではないでしょうか」と私は助言している。

決して強い口調ではなく、いかにも汗をかきながら、必死でお願いしている感じで言ってみる。すると、クレーマーであっても「わかったよ、しゃべってみろ」と答える可能性はデータ分析上もかなり高い。つまり、相手や状況に応じて手法を変えてみるのだ。もちろん、「非の部分は認める」「即、対応する」「相手の話を全部聞いて、状況を正確に百パーセント把握する」などクレーム対応の基本はきちんと押さえておかなければならない。しかし、クレーマーも戦略を考えている。「いつもこういうパターンで対応してくるから、今度はここを突いてやろう」と別な方法で攻めてくることがある。

基本部分だけで対応しようとすると、相手が投げてきた変化球までは防ぎ切れない。冒頭に述べた、イレギュラーに弱いとはこういうことだ。1つのパターンに執着し、さまざまな手法を持っていない人はすぐに追いつめられる。

「マニュアルを暗記したから」と安心せず、自分なりの手法を編み出すことが肝要。基本部分の上にそれを積み上げる。この部分は、あくまで自分の個性に合わせて自ら編み出した技術。口下手な人なら無理に流暢《りゅうちょう》にしゃべろうとせず、訥々《とつとつ》とした話し方でもいい。そのかわり、相手に真剣さが伝わるようにする。話上手な人なら、こちらの提案をわかりやすく伝えることができるだろう。

だが、その際に事務的な口調にならないように気をつける。自分の個性が何かわからない人もいると思う。周囲の人に「こうしたら、効果的だろうか?」と相談してみるのも1つの方法だ。それによって、トラブルを回避する可能性が高まると思う。

他人を追い込もうとする人へ対抗するには……

「モンスター・ペアレント」(学校へ過剰な要求を突きつける親)や「モンスター・ペイシェント」(医師や看護師に難癖をつける患者)、「モンスター・オーナー」(ペットを溺愛《できあい》し、動物病院へ文句をまくし立てる飼い主)」など増殖するクレーマー。

こう呼ばれる輩《やから》が多く出てきた1つの要因は、「昔と比べて、割と文句をつけやすくなった」ことがある。

以前は、買ったお菓子の袋が破けていたら、店やメーカーに電話で文句を言ったものだ。

私が小学校2年生の頃、キャラメルを買ったら当たりが出たので、それをメーカーに送ってプレゼントが届くのを楽しみにしていたことがあった。ところが、なかなか届かない。私の母は、その会社に「子どもが楽しみにしているのになかなか送られて来なくて……」と手紙を書いたのだ。

40年くらい前のことだが、企業に文句や要望を言うなら手紙か電話ぐらいしか手段がない時代だった。

今は文句を言う方法がいろいろある。企業のホームページを利用して伝えるやり方もあるし、ネット社会が広がったため、企業に直接言わないまでも、陰口や誹謗《ひぼう》中傷も含めてクレームを公表できる。

ストレスを抱えている人も多い。生活していれば、大なり小なりみんなストレスを感じるが、多くの企業が能力主義・実力主義を取り入れたため、その傾向は一段と強くなった。しかも、昨今の金融・雇用不安で、将来が不透明なことが拍車をかけている。

そのため、自分より弱いと判断した相手を容赦なく攻撃する人が増加。特にインターネットは匿名性が高いため、それを利用して掲示板などに悪質な書き込みをして、名誉棄損や信用棄損、業務妨害などのサイバー犯罪にまで発展することも少なくない。これも、自分より弱いもの、容易に抵抗してこない相手を攻撃して、自分のストレスを発散していると見られる。

昔は、学校や先生は絶対的な存在で、これらの人たちの言うことは正しいと思われていた。「うちの子が悪いことをやったら殴ってください」と頼む親もいたほど。

ところが、今では子どもに手を上げると、「うちの子を殴るなんて、なんてことを」「授業料を払っているのはこっちだろう」と先生を非難する。立場は逆転してしまった。学校に対象を絞ると、今や父兄、特に私立学校へ子どもを通わせている親は、自分を「客」だと思っている。この発想を持つと、学校に対する判断基準は飲食店と同じ「安い・うまい・早い」になってしまう。ただ、学校や病院はモノを売っているわけではないので、なおさらクレームに限度がなくなってしまうのだ。仮に牛丼屋で注文した料理がひどくまずかったとしても、お客は「金を返せ」とは要求しない。しかし、学校では「教え方がまずい」「勉強の成果がなかなか出ていない」「担任の人間性がどうも……」など基準が曖昧《あいまい》なために、クレームを言いやすくさせてしまった。

それに対抗して、2年前には都内のある学校が弁護士を雇うことを決めた。

ここでは「うちの子を集合写真の真ん中にしてほしい」「子どもは箱入り娘として育てているので、悪い関わりは持たせないと誓約書を書いてほしい」など、親から法外な要求が出されたためだと説明している。これでは父兄の側もさらに構えてしまう。「相手が警戒するからこちらも警戒する」――こうして、負の循環に陥る。ＰＴＡが一致団結して弁護士を雇い、「あの校長を更迭しろ」と要求することも不可能ではなくなるかもしれない。以前はこういう発想はなかったが、今は「そっちが弁護士を頼むなら、こっちだって」と言うことに抵抗がなくなってきた。「あわよくば何か取れるのではないか」との考えが潜んでいるとしたら事態は深刻だ。

相手を追い込もうとたくらむ人間は、あらを見つけて何かを取ろうと考えることが多い。そして、やたらに絡んでくる。

私が、以前ある団体に依頼されて講演を行った時のことである。

会場に入った瞬間に、絡んできそうな人物がいると察知した。何か言いたそうにしている人の特徴は、まず前の方に座る。その上、足を組んでふんぞり返って座るなど、態度が偉そうだ。

対抗する手法として私が使っているのは、相手を抱え込んでしまって、絡ませないことだ。案の定、講演の途中で私が「ここまではいいですか」と聞いている人たちに確認すると、その人が「あの、ちょっといいですか……」と質問を投げかける。そして、「クレーム対応とは、相手の話をよく聞いて、誠意をもって対応すればいいだけのことですよね」と言い放った。

私は「それはそのとおりです。でも、それが百パーセントできていると自信がある人はいらっしゃいますか?」と会場の人たちに尋ねた。

その人も含め、誰も手を上げなかったが、彼はその後もことあるごとに質問をしてきた。だから私は、逆にその人にどんどん質問を投げかけて、相手を封じ込めてしまった。

講演が終わって控室にいると、彼が入ってきた。明らかにまだ絡みたいのだ。そして、「何で今日は私のことをいじったのですか?」と切りかかる。「いじったのではありません。あなたのお考えには、私と共通している部分が多かったので、講演を進める上でご協力いただいたのです」と私は切り返した。

その人にとっては、自分がやろうと思っていた「相手に絡む」ことを、先にやられたことになる。講演を聞きに来る人の中には、自分のストレスを発散することが目的で、最初から難癖をつける人もたまにいる。特にクレーム対応の講演だと、「こいつに文句をつけたらどうなるんだろう」と考える人もいる。私を追いつめて、みんなに「すごい」と思われたいと考えるのだろう。それも織り込み済みで講演へ行かないと、しどろもどろになって、「何だ、対応ができていないじゃないですか」と言われてしまう。かわし方を考えないと餌食《えじき》になってしまうことだけは避けなければならない。

だが、ほとんどの人は、さすがに大衆の面前では度が過ぎることはやらない。ましてや、団体には歴然とした上下関係があるから、後で「何でこんなことをしたんだ」と先輩たちから責められる。後で聞いたのだが、その人は、仲間内から「ＫＹ（空気が読めない）兄ちゃん」と呼ばれているらしい。

歌手のアン・ルイスさんは、新人の頃に外車に乗っていた。

それを見た周りの人から「生意気だ」と批判されると、「だって、私は外国人だよ」と平然と切り返した。クレームをつけた、百戦錬磨の猫たちをなだめてしまったのだ。その時に「外車に乗ったって、別にいいじゃないの」と答えていたら、反感を買ってしまっただろう。しつこく絡んでくる人からは、「そういう言い方はないんじゃない」とどんどん攻められる。

先ほどの私の講演の場合でも、「それは失礼でしょう」などと答えてしまうと、会場の雰囲気が壊れてしまい、そのあと続けられるかどうか危うくなってしまう。

追いつめる側はストレス発散のつもりでいても、うまく切り返されてしまうと逆に追いつめられてしまう。講演後に行われた懇親会に、絡んだ本人は出席しなかった。さすがに参加しづらかったのだろう。しかし、他のメンバーは「あいつ、バカだよな」などとうわさしていた。結局は自分で自分を追いつめてしまったわけであり、無目的とも言える行動で自爆したケースだ。

一文多い「お嬢さん」「お坊ちゃん」が追いつめられる

不見識・非常識なことに対し、「これは、間違っているんじゃないですか」と正当な申し入れや抗議をするのならよい。だが、言いがかりやいちゃもんをつけたら、倍になって相手から返ってきて自滅してしまうパターンがある。その一例を、私の友人の体験をもとに説明する。

あるブログに、友人に対する誹謗中傷にとれる内容が書いてあった。あろうことか、彼について「詐欺師かと思っていた」とまで書いてあったのだ。しかも、書いた相手もブログの管理者も長年、友人と仕事上で関係のある人物。それを見つけた彼は、即座に謝罪するように申し入れたが、２人から来た手紙・メールは友人を納得させるどころか、彼の怒りを倍増させてしまった。

管理人からの手紙は、次のような内容だった。

「○○様　この度は、私のブログのことで多大なるご迷惑をおかけし、申し訳ありませんでした。心からお詫《わ》びします。すみません。
私のブログでのコメント、不愉快ですみませんでした、私は△△さん（ブログに友人のことを書き込んだ人物）と○○さんは仲良しだと思っていました。○○さんと△△さんは仲良しと思っていたのです。だからコメント欄に書き込みがあった時、友達同士で軽口を言い合っているのかと受け止め、私も『見かけヘンだけど……』と芸人に対してのようにちゃかしてしまいました。本当に申し訳ありません。
私のブログのこと、本当に管理責任について不行き届きで申し訳ありませんでした。謝罪が遅かったことも、お詫びします。お許しください。それでは、今後のますますのご活躍をお祈りしております。すみませんでした」

この手紙で、相手から突っ込まれるポイントは3つ。

1つ目は、最後には書くことがなくなったのか、「すみません」「申し訳ありません」のオンパレードになっている点。本気で謝罪する気があるのか、『すみません』と書き連ねておけば、相手は許してくれると軽く考えているのではないか」と勘ぐりたくなる。2点目は、「ご迷惑をおかけして……」と書いている割には、最後に「今後のご活躍をお祈りしております」と勝手に自分で問題解決させている点だ。

読んだ本人は「これで終わりにしてしまうつもりか」とあきれている。本当だったら名誉棄損で訴えられてもおかしくない問題なのに、事の重大さをほとんど理解していないようだ。そして3点目は、とってつけたように「芸人に対してのように」と書いているが、知人はこれが何を意味するのかまったく理解できないでいる。こんなことで問題をごまかしてはいけないのは誰しもがわかるところだろう。

この手紙は一文どころか二文も三文も多く、それによって、墓穴を掘りまくっている典型例。世間知らず、俺さま・私さまが特徴――お嬢ちゃんやお坊ちゃんと揶揄《やゆ》される、「お公家《くげ》」に目立つ行動だ。この手紙の差出人は、大手企業のＩＲ（投資家向け広報）担当やアドバイザーを仕事としてきたこともあってか、誰かから追いつめられた経験がまずない。逆に底意地悪く、人を追いつめることばかりやってきたらしい。確かに企業の看板を最大限に利用できたり、顧客から「先生」と呼ばれるような存在だから、弱い立場にいたことはほとんどないはずだ。

だから、今でも自分のやり方が通用すると思っている。文章自体も非常に高圧的だし、問題には関係ないことを書いてみたり、軽薄に謝罪の言葉を並べ立ててみたりと、まったくナンセンス。知人は頭にきて送られてきた文書を送り返したのだが、すると今度は「代理人を立てる」と、力を使った手段に出てきたからあきれる。

ブログに書き込みをした人からは、次のようなメールが届いたという。

「○○様、すでにお詫びの手紙を郵送しておりますので、よろしくお願いいたします。地方から郵送いたしましたので到着は明日以降になると思われます。

出張続きで後手後手に回ってしまっていることを本当にお詫びいたします。かさねがさね不愉快な思いをさせてしまって本当に申し訳ないと思っております。またメールのフッター設定をしておらなかったため、無記名でのメールでご立腹だったのですね。新しいPCにしてメーラーがまったく違っているのでフッターが設定できないのです。いろんなことが重なって激怒させてしまっておりますことを、かさねがさね深く陳謝する次第です。ごめんなさい！　本当にごめんなさい！　無視しているんじゃないんです。

基本的なことからいうと、お電話いただいた時にそれほどお怒りだと気づかなかったんです。基本的に私が『鈍感』なため、親愛の気持ち、フレンドリーな気持ちでコメントしたんです。でも知らない人も見るブログだということを考えるととんでもないことだと思い、急いで削除してもらったんです。急いでいたのですが自分では削除できないものですから……。本当にごめんなさい」

このメールも、相手の怒りに対して言い返す言葉が見つからないため、「お詫びいたします」「陳謝する次第です」など謝罪の表現を無為に並べている。「ごめんなさい！　本当にごめんなさい！　無視しているんじゃないんです」など、いい年の大人が書く文章だろうか。しかも、ブログを見た人は「詐欺師」のコメントが「フレンドリーな気持ち」から出たと解釈するだろうか。

世間知らずと言ってしまえば、それで済んでしまう。しかし、人を徹底的に追いつめてばかりいると、追いつめられた側の心理や、その人たちにどう対応すべきかがわからなくなってしまう。そのため、自分が追いつめられる立場になると、たいていは逆ギレするか、あたふたとして訳のわからない行動に出るかのどちらかになる。

「賢いネズミは猫をなだめる」の観点からいくと、ネズミにも猫にもなったことがある体験が必要だと思う。そして、猫をやっていてもネズミの心理を理解する想像力を持つこと。「もし、逆のことをやられたら、自分はどうするか」が重要だ。

相手に非が百パーセントあっても、逃げ道を塞《ふさ》いだ瞬間に、ネズミは歯をむき出して噛《か》みついてくるかもしれない。なだめるとは、猫の側から言えば「逃げ場を残してやる」ことである。心理的に追いつめられる、逃げ道がなくなるから、「窮鼠《きゅうそ》猫を噛む」の逆ギレの状態になってしまう。クレームをつける時も、非のある人間に逃げ場を作る、逆にクレームをつけられる方も、クレーマーに逃げ場を作ってもらうように仕掛ける。クレームをつけてきた相手に「後日対応します」ではなく、「明日お電話します」と言うのも相手に逃げ道を作らせる方法の1つだ。「後日……」と言ってしまうと、相手は「それは、いつなんだよ」とカーッとなり、逃げ道をどんどん塞ごうとする。だから「明日」と期限を切って対応し、相手が怒りを増幅させないようにする。それが相手に逃げ道を作らせる方法であり、結果として「誠意」と呼ばれるものだ。

事実の1つ1つへ迅速・正確に答えていれば、次々と突っ込まれる危険性は下がっていく。反応が遅いから突っ込まれる、不正確だから相手が怒る、居直るから文句を言われる。

「逃げる」「くじける」「開き直る」はタブー中のタブー

これも、ある知人の経験だ。彼は、フリーランスのＰＲマンに商品イベントの企画を依頼。ところが、企画書の締切期日になっても何も送られてこないし、連絡も全然取れない。

やむを得ず、ＰＲマンの父親へ連絡することになる。父親はノベルティ（宣伝用の記念品・粗品）の制作会社を経営しており、知人も何度か仕事を依頼したことがあった。

数日後、やっと本人と連絡がついたのだが、渡された企画書はＡ４判の用紙１枚だけの箸《はし》にも棒にもかからない代物。さすがに文句を言うと、次のようなメールが送られてきた。

「お電話ですと、こちらの状況が正確に伝わらないと思いますので、メールにいたします。○月○日にメールをお送りしましたが、それに対する返信を見て、私がこのままこの仕事を継続しても、信頼関係は保てず、ご期待にはお応えできないと判断し、この数日間、後任の企画マンを探しておりました。しかし、引き継ぐにあたって今回の経緯を説明するために○○さん（知人）とのやり取りのメールを見せたところ、すべての方に断られました。またスケジュールとギャランティについても納得してもらえません。そのようなわけで今回はお引き受けできません」

また、父親からは次のメールが届いた。

「本人が戻り次第、○○さんがおっしゃっていた事実（連絡がまったく取れなかったなど）を確認し、後の処理をどうするか連絡させます。近日中に、先月当社が納品したノベルティグッズの制作料金として20万円の請求書を送らせていただきます。また、1週間前に納品した記念品の支払いについてご連絡いただければ幸いです」

このPRマンは仕事から逃げた上に、くじけて、最後には開き直った。最悪のパターンである。さらなる問題は、立派な社会人の息子の揉《も》め事に親が出てきて、しかも「申し訳ない」の一言もない。おまけに別な仕事のカネの話をしているから、知人の神経を逆なでした。

賢いネズミなら、「こういう理由でできなかった。だからこうしたいのですが、どうでしょうか」と聞くべきところだ。根本的に仕事を放棄しているのに、それに対する意識はゼロ。企画書ができなかった理由はどこにも書かれておらず、「できません」の一言で片づけている。「約束したのにできないなら、損害賠償を請求する」と知人に言われたらどうするつもりだったのだろうか。

また、「信頼関係が保てない」は仕事をすっぽかされた知人が言うセリフだ。知人に厳しいことを言われたからカチンときて、「あなたとは仕事ができない」と開き直ったのが真相らしいが、それは言語道断である。また、メールを送った本人の了解なく、第三者に見せることはマナー違反。結局、このPRマンは重要なことを曖昧にしたまま逃げ回った挙句、逆ギレしてしまった。

ちなみに、ＰＲマンがメールの冒頭に書いた「お電話ですと、こちらの状況が正確に伝わらないと思いますので……」は、実は逆である。私は自著を何冊か出版しているが、それでも文章では言いたいことの３割が読者に伝わればいいと考えている。直接相手に話せば、10割近くを伝えることができる。７割減の手段で状況を正確に伝えることは、まず不可能だ。実際、ＰＲマンのメールは相手が納得するものではない。

ここで、依頼されたことをうまく断るためにはどうしたらいいか考えたい。賢いネズミが猫をなだめるためには、10のクレームを３ぐらいに抑える、激怒した相手をなだめる意味もあるが、その中で、自分ができることとできないことを認識しなければならない。先の例では、それらを自分で認識できていない。

依頼を受けた段階で内容やスケジュールを聞けば、企画書作成ができる、できないは判断できる。また、メールには後任のＰＲマンを探したと書いているが、本当にそうしたかどうかは疑わしい。自分がほうり出した仕事を他人にお願いするなど、よほど切羽詰まった事情がない限りできないはずだ。

「満足いく企画書は作れないであろう」とわかっているから、「信頼関係は保てず、ご期待にはお応えできない」と論点がずれた苦しまぎれの言い逃がれをする。「後任は探せないであろう」と想定しているから、メールを送ったら断られたと曖昧な理由づけをしたに過ぎない。

断ることに問題はない。ただ、「自分は交渉上手」「話が上手」だと自信を持っている人は、交渉の時に誰が主役かをわきまえている。この場合の主役は、ＰＲマンではなく、知人だ。被害にあったのもＰＲマンではなく、仕事を依頼した知人なのだ。それなのに、ＰＲマンは謝罪するどころか、「自分は被害者だ」と言わんばかりのメールを送ってきている。

クレームをつけてきた相手が主役であり、その不満・不安などを解消させないことには、決して相手は納得しない。それを常に頭に置いておかないと、相手に追いつめられてしまうのだ。

如才ない人は内心の反感や嫌悪を気づかせないようにふるまう。そして、いつの間にか相手の依頼を断る。何か気が進まないことを頼まれた時に「そんなこと嫌だよ。ふざけるんじゃないよ」と断るのは簡単だ。しかし、「それは自分の得意分野ではないので、かえって迷惑をかけてしまうから、ちょっと遠慮しておきますよ」と言えば角が立たない。

腹は立つものの、多少のヨイショで片をつける。それがなだめ方だ。バシッと「ダメです」と言われたら、その理由がわからない相手は神経を逆立てる。二次災害を起こしかねないし、無駄な種はまかないに限る。

イレギュラーやトラブルが起こった時に、そこから逃げるのはやってはいけない行動だ。逃げれば、相手は当然追いかけてくる。逃げきれないからくじける、相手に対抗できないから最後には開き直る。これでは問題の解決にはならないし、開き直ればさらに相手に追い込む機会を与えてしまう。

クレーム対応上手は「文句をつける」のもうまい

クレーマー社会ではちょっとしたミスでも対応をひとつ誤ると、たちまち火の手は大きくなる。こうした現実に回避・防衛策が不可欠になったのは間違いないだろう。

ビジネス人にとって、問題解決能力の習得と向上は従来の課題。いちゃもん社会の進行で、さらにその必要性と意義は密度を濃くしている。危機管理の一環として、マネージャークラスに強く求められるもので、「平時の○○君より、緊急・非常時の△△君」と大手総合商社のトップは話す。普段そつなく仕事をこなす人材（もちろん悪いわけではないが）を傍目《はため》に、混乱した場面など「ここぞの場面」で十分に能力を発揮し、会社へ貢献していくタイプを評価する点をこの発言は意味する。トラブル対応・処理は重要な柱で、逃げる・くじける・開き直る族に一流と呼ばれる仕事人はいない。

抗議や苦情、申し入れを的確で迅速に処理できる人は、大半のケースで「文句上手」である。腹が立っている時はつい感情が先走り、延々と怒りの声をぶつけたり、相手の言葉じりをつかまえて不毛なやり取りに陥りがちだ。ひどい場合、論点からずれた説教をするツワモノさえいる。被った被害に対して、文句上手は少しでも早く回復・代替させることを決してぶらさずに、相手がどう出てこようと打ち返せるシナリオを持っている。配慮こそするが遠慮はしない毅然《きぜん》とした態度を貫く。相手にしてみれば、冷静に突き進んでこられるので納得せざるを得ないわけだ。

文句上手はクレーム対応・処理にこのノウハウを最大限に活かす。抗議者が何を今求め、いつまでに・誰に・何を・どうしてほしいかを最短距離でつかみ、ここでも建設的なシナリオを編み上げる。前出の商社トップは「クレーム対応上手は相手の不満や不安、不便をすぐに引き出す術に長《た》けている。ビジネスの基本も同じで、これらを解消するモノ・サービスを商材にすれば失敗はないはず」と分析する。

クレームをてきぱきと片づけ、それを仕事のヒントや糧に変える——、一見したたかだが、たくましさと創造性を持ち合わせてこそ一流への道が開ける。面倒臭い、厄介、無理難題と端から決めつけた瞬間にクレーマーだけではなく、冷徹な上司など悪魔たちが再びささやき始める。

だが、こうした人材を育てるためには、序章でも述べたようにリーダーの役割が重大になる。知人の会社役員が眉間にしわを寄せながら、こんな話をしていたことがあった。

「若手社員の一部が『あの部長はまったく信用できない。部員を飲食へ誘わないように話してもらえませんか』って訴えてくるんですよ」

くだんの部長は、「僕がおごるから」と見得を切る一方で、領収書をもらって経費で落としているのだ。部長にしてみれば、部員が身銭を切らなくてすむ意味で「おごり」なのかもしれないが、そういうふうに捉えられてはいない。「いい格好しやがって」「こんなことで恩を着せられては心外」の本音が垣間見える。マネージャーたるもの言行不一致は非難の対象となり、不信感から部員が次々と離れていく。

マネージャーの発言は殊のほか重い。それでスタッフは動くのだし、脆弱《ぜいじゃく》で非論理的な言葉は士気を一気に下げる。「前向きに考える」「間違ってはいないが……」など、二流の政治家並みの常套句《じょうとうく》をはじめ、「まあ、君でもいいか」「あんまり期待はしていないから」や「相変わらずだねえ」など、スタッフへの配慮なき発言の数々は、リーダーが口に出すべき言葉ではない。

マネージャーである以上、スタッフへ遠慮する必要はあまりないが、円滑・創造的な仕事を進めるためにも配慮は絶対不可欠である。こうした点をスタッフはこと細かく観察し、「このマネージャーにとことんついて行くべきかどうか」を決めるのだ。「ちょっとぐらいなら、大目に見てくれる」は通用しないのが現実だと言えるだろう。

一言が命取りの場面は思ったよりも多い。「『あの時にあれを言わなければ、こう話していれば』ってけっこうありますよね。後悔しないためにも発言への配慮はすごく大切。人に理解・納得してもらい、動くように持っていく原動力だと思う」と、営業畑一筋のたたき上げである大手食品メーカーのトップは力強く言い切る。遠慮と配慮、そして熟慮。これがリーダーに備わっていなければならない3つの慮（おもんばかり）であり、その有無は言葉の端々に自然と表れる。

遠慮は、相手に対して下手に出ることではない。言動を控えめにすることで、相手を立てるのだ。配慮は、手落ちがないようにあれこれ心を配ること。熟慮は、さまざまなことを十分に検討する姿勢だ。表現の大事さと信憑性《しんぴょうせい》を強く、深く認識し、スタッフからも信用されているか。リーダーは今、これをもう一度検証する必要がある。

トラブルの原因を深く追究することが第一歩

「ビジネス人は問題解決能力を身につけなければならない」とよく言われる。問題解決能力を培うことを目的とした書籍も数々出版されている。しかし、どれだけのビジネス人がトラブル回避の能力を身につけているのか疑問だ。日本には問題解決能力を養う土壌が希薄だから、根本的に解決を図る「習慣」がないのに過ぎない。

もし風邪をひいたとしたら、あなたはどうするか。きっと「薬局に行って、風邪薬を買って飲もう」「病院へ行って、診察してもらおう」と考えるだろう。それは対症療法としては正しい。しかし、それだけではまた風邪をひくかもしれない。それは「なぜ風邪をひいたか」を徹底的に考えていないからだ。もしこたつで居眠りをしたことが原因だとしたら……。それに気づかないと、同じことを繰り返してしまうだろう。

これと同じで、トラブルが起こった根源を考え、解決しようとしなければ危機管理は図れない。トラブルの原因は人間関係のもつれや連絡の不備など、大きく分ければ10個にも満たないのではないかと思う。しかし、「ほとんどのビジネス人はそこまで掘り下げて深く考える習慣が皆無に等しい」と話す企業コンサルタントは多い。

社会で生活している以上、トラブルやミスは必ず起こる。だから、問題の発生時に「どうして起こったのか」「現状はどうなっているか」「これからどうすべきか」を考えることが重要だ。原因をよく考えもせずに「すみません」と謝ってしまうと、かえって追いつめられることがある。これは、先に説明した「トラブルが起こった時にすぐ謝る」のとは違う。よく考えれば相手の方が悪いことなのかもしれないのに、「怒っているから」ととりあえず謝ってしまう。すると、相手は「謝ったということは非を全面的に認めるんだな」と、さらに攻めてくる。

深く考えるとは具体的にはどのようなことか。私が企業で行っている研修を例にして説明しよう。研修では、面接形式で社員とこんなやり取りをしている。

「あなたの目標は何ですか」「何年後かに管理職になって、バリバリ仕事をしたいと思っています」「管理職とは何ですか」「係長や課長です」「係長や課長は、何をする人ですか」「係長はこういう仕事をしていて……」「何であなたは管理職になりたいんですか」「責任を持った仕事をしたいから」「責任とは何を示しますか」――。

こうしてどんどん突っ込んで質問していく。10個の質問を用意すると、たいていの人は5つ目の質問ぐらいで何も答えられなくなる。それは、「管理職になりたい」夢や目標があっても、「どうして管理職になりたいのか」「管理職になって何をしたいのか」まで掘り下げていないからだ。深く考えるとは、10の質問にすべて答えられる現実を指す。何となく「管理職になれば給料が高くなるから」「格好が良いから」程度しか考えていない人はすぐにつまずく。毎日深く考えることを習慣にしていれば、いずれ10まで考えられる力がつく。

もし、あなたが「今、この会社で目指しているものは何ですか」と尋ねられたとしたらどう答えるだろうか。「商品企画をやりたい」のなら、さらに「なぜ、商品企画をやりたいのですか」と質問された場合を想定して、答えてほしい。「学生の頃から、企画するのが好きだったから」が答えなら、「企画にはいろいろなものがありますが、なぜ商品の企画を選んだのですか」と聞かれたら、どう答えるだろうか。こうして、１つのことについて自問自答しながら掘り下げていくと、深く考えるトレーニングになる。

ただ、深く考えたからといって、きれいに、格好よく、美しく答えられるわけでは決してない。誰もそんなことは求めていない。トラブルが起こった時、文句を言っている人は、相手に冷たく理路整然とした対応を求めているだろうか。クレームに対して、「その件に関しましては……」などと政治家答弁のような受け答えをされたら、「こっちは腹を立てているのに、何をやけに落ち着き払っているんだ」と怒りが増幅してしまうかもしれない。それよりも、とにかく相手のところにすっ飛んで行って、汗をかきながら謝るほうがよほど効果的だ。これは極論だが、もしもこちらに非があるのならば「大変なことをしてしまいました。すぐに状況を調べます。担当者を至急そちらに向かわせます」と言うほうが、相手の怒りも大きくならずに済む。

「クレームにはあせらず、冷静沈着に対処せよ」と説く人もいるが、怒りのあまりにどなり立てる人へ冷静でいられるはずはない。慌てふためいてどもってしまったり、同じことを何度も繰り返して言ってしまうなど、そのような場面では自然のことだ。表面だけの手抜き対応をしようとすれば、むしろドツボにはまってしまう。「落ち着け」「こういうふうに言わなければ……」と考えるあまり、不規則な発言をしてしまったり、言質を取られたりすることもある。

頭が真っ白になって、つい「申し訳ありません」を繰り返してしまったり、何も言うことが思い浮かばず「どうしたらいいでしょうか」と口走ってしまったりする。また、相手の怒りが激しいと「落ち着いてください」と言ってしまう人もいる。だが、謝ってばかりでは、相手はうんざりして「謝らなくてもいいから、早く解決策を提案してくれ」と思うだろうし、「どうしたらいいでしょうか」と言われたら「それは、お前の考えること」と逆襲される。「落ち着いてください」は、「俺は落ち着いていないというのか！」と相手をさらに怒らせるだけだ。

「クレーム対応では、攻撃が最大の防御だ」の説にも私は疑問を持つ。そういう人は、相手が文句をぶつけると、それ以上の言い方をして、力でねじ伏せようとする。しかし、クレーム対応は喧嘩《けんか》ではない。人とのやり取り、駆け引き、ひいては交渉だ。力だけで相手をやっつけるのではなく、攻撃と防御をうまく使い分けなければならない。

追いつめられやすい人は、往々にして喧嘩腰で切り口上である点も認識しておくべきだと思う。高慢な人に対して、普段は「あいつ、偉そうな態度で気に食わない」程度の悪口で済んでいるが、その人が問題を起こすと、多くの人が、

「よし、チャンスが来たぞ。徹底的に懲らしめてやれ。あの野郎のことはずっと恨んでいたんだ」

…世知辛い現在、こういう気持ちの人がいても不思議ではない。

高慢な人の欠点は、相手の立場になって考えられないことだ。子どもの頃に親から「相手の立場に立て」と言われた人も多いはず。それは思いやりや優しさと表現されがちだが、それよりも「自分がやられて嫌だと思うことは他人にやらない」ことが要諦《ようてい》である。これは深く広く考えることと同様に、習慣として身につけるものだ。しかし、口で言うのは簡単だが、実際に行動が伴っている人は少ない。そういう人はたちまち追いつめられる。本章の冒頭で触れたように、日本はイレギュラーな事態やトラブルに慣れた文化ではない。

その上、現代のように「文句を言った者が得をする」「言った者勝ち」傾向が強まる昨今、社会が荒《すさ》んで結果としてトラブル数が増加する。すると、相手の立場に立てない自己中心的な人たちは逆ギレする。そして、たちまち相手にやられてしまう。逆ギレすれば、相手がその倍の逆ギレを起こすからだ。

自己中心的な人に限って、自分が攻撃を受けると過剰反応をして大騒ぎをする。その過剰反応に対し、相手が過熱することが多分に考えられる。問い合わせの電話がかかってきたのに、過剰反応して「クレームだ」と思い込む。相手がちょっとした文句でも言おうものなら、「そのクレームは……」と口に出してしまう。それを聞いた相手は「そんなつもりで言ってねえよ」と興奮するのだ。

私は、ビジネスの基本的な考え方は何かとよく自問自答する。相手が何に対して不満を持っているか、不安を感じているか、不足だと思っているかを把握して、その3つの「不」を満たすことでビジネスが成立すると考えている。たとえば、「毛穴の黒ずみが気になる」と不満があったから、それを解消するため毛穴の角栓を除去するパックが生み出された。朝食を取る時間が不足しているから、手軽に食べられて栄養もしっかり取れる食品が登場した。「不満」「不安」「不足」は、いずれもクレームの原因になるものだ。だから、これを把握し解決することはクレーム対応の基本でもある。

クレーム対応で困っている企業があるなら、その技術を上げることで相手の「不足」を補うことができる。商品が売れないため社員が疲弊しているのなら、商品が売れる方法を考える。それは社員の不満を解決することだ。

このビジネスにおける考え方は、トラブル解決やクレーム対応と密接に結びついている。自分中心的な人は、「相手は何が不満なのか」「何が不足なのか」「何が不安なのか」をほとんど考えない。だから、相手の物言いに過剰反応してしまうし、3つの「不」を明確にしないので問題の原因や結論を正確・緻密《ちみつ》に見いだすことができない。そして、相手とやり取りしているうちに本論からずれていく。たとえば、相手は「商品が壊れていた」ことに不満を感じて電話してきているのに、「どちらでお買い求めだったのでしょうか」と尋ねたら、相手は「どこで買ったって関係ないだろう。そんなことを聞いてごまかすつもりか！」と怒るだろう。こうして、本論からずれていくと、その結果、「お前は、人の話を聞いているのか」「おれはそんなことは言っていないぞ」と火に油を注いでしまうのだ。

不祥事を乗り越えた企業、追いつめられた企業

意識の持ち方を中心に述べてきたが、企業の事例をいくつか取り上げる。不祥事が発生しても追いつめられなかった好事例として、通信販売会社・ジャパネットたかたの個人情報漏洩《ろうえい》事件がある。

2004年3月に起こったもので、合計で約51万人の顧客情報が流出した。同社はすぐにそのルートを調査した。事件が発覚した5日後の3月9日に不祥事を公表し、同日からテレビやラジオのコマーシャルと、チャンネルを持っているCS放送での通販番組も放送を休止する。自社のウェブサイトには事件の報告とお詫びを掲載した。さらに、新聞紙上やテレビでも事件の報告や謝罪を自主的に繰り返した。事業は4月24日に再開したが、同時に再発防止のために社内の管理体制を見直した。事件発覚から事業再開までの1カ月余りで、同社は150億円の減収となり、社長の高田明さんは会社の清算まで考えたと聞く。

だが、素早くしっかり対応したため、現在ではこの一件について、批判的に取りざたされることはない。それどころか、危機管理関連の書籍などで、いまだに「ジャパネットたかたのクレーム対応は非常に優秀」と記述されている。減収となった150億円は、ある

意味でジャパネットたかたの企業イメージを向上させた宣伝費だと捉えることもできる。このクレーム対応は、トップの仕事に対する意識から生まれたものではないか。

ある新聞記事で、高田さんは「仕事は自分の横にある」と話していた。

多くの人は「仕事は自分の前にある」と感じているはずだが、高田さんは「横にある」と考える。これは仕事を客観的に捉えていることを意味する。いつも「こういうことが起こったらこうすべきだ」と冷めた目で見ているのだ。だから、イレギュラーな事態が生じても、「今、何をすべきか」を瞬時に思いつける。仕事が自分の前にあると、それにどっぷりつかってしまい周囲が見えなくなる傾向は否めない。それが起因となって、「ああ、大変だ」とパニックになってしまう構図はしばしば見られることだ。

追いつめる側のスピードは速い。問題を1日放置しておくだけで、あっという間に攻められて逃げられなくなってしまう。だから機先を制しなければならない。ジャパネットたかたが誰かに指摘されて事件を公表・謝罪したり、コマーシャルを自粛したのだとしたら、「何だ、世間の批判を浴びたから謝ったのか」と思われて、同社の評価は下がったかもしれない。誰かに言われる前にやることが重要なのは当たり前のことだが、それをやっている企業はどれだけあるかは昨今のニュースを見ればわかる。

ある玩具《がんぐ》メーカーの事例。報道によると、子どもがA社製玩具に指を挟まれ、ケガをする事故が相次いだ。

事故は2008年9月の発売直後から10件以上起こっていたのだが、A社が公表したのは2009年1月。同社はホームページに使用上の注意を掲載したが、それを見ると「弊社が平成20年9月20日より発売しております玩具につきまして、部品に指が挟まれるという事例がございました。弊社では、取扱説明書等でご使用上の注意を記載しておりますが、より多くのお客様へお知らせしたく、このたび『重要なお知らせ』にて改めてご案内いたします。お客様におかれましては、いま一度商品付属の取扱説明書、およびこちらをご一読いただき、お子様にご説明くださいますようお願い申し上げます」といった内容の文章が書かれていた。この文章の後には問合せ先の住所と電話番号が記されている。

ここで首を思わずひねりたくなるのが、「指が挟まれる事例がございました」の箇所。見解は分かれるところかもしれないが、このような突き放した表現でいいのだろうか。確かにこの時点では、子どものケガに対する責任がA社の玩具にあると証明されたわけではなかった。だから謝罪の言葉も書かれていない。

だが少なくとも、玩具を発売しているA社は当事者である。「事例」の表現は、当事者が使うべきものではないと思う。また、なぜ事故が起こったのか、その原因が書かれていない。これでは、A社は「取扱説明書を読ませればいいだろう」と思っているようにも受け取れる。「商品付属の取扱説明書、およびこちらをご一読……」の文章中にある「こちら」の文字をマウスでクリックすると、この玩具についての注意事項を読むことはできる。しかし、消費者のうちでどれくらいの人が新聞の事故報道に気づき、ホームページの注意事項も読むのか……。今後の対応についても書かれていない。A社に瑕疵が百パーセントあるかどうかわからない段階だから、まだ対応策が決まっていなかったのかもしれない。しかし、「それでも『現在はこういうことを検討しています』などの情報を載せるべき」の声は少なくない。

問題が起こった時、現状をしっかり把握し、原因を多角的に考えて、今後どうするかの解決策を考案、実行する——これはビジネスの基本であり、クレーム対応のスタンダード・フロー（平準的な流れ）だ。

ジャパネットたかたと比べてみても、A社の対応が稚拙だとわかる。前者は素早く自主的に事件を公表して、CM自粛などの対応を行った。

一方、A社は発生時の告知を怠り、何らかの理由で事故が発覚してから消費者に対する「お願いの文章」を掲載した。たまたま1人の子どもがケガをしたのではなく、10人以上が事故に遭っているのだから、何か共通した理由があるはずだと考えるのが当然。しかし、それが明確になっていないために「まだ十分に調査していないのですが、とりあえず報告しておきますね」と言われているような気になる。

船場吉兆の消費・賞味期限切れ販売の問題も、クレーム対応としては最悪だ。期限シールの貼《は》り替えは取締役が指示したにもかかわらず、同社は最初、「パートの女性が独断でやったもの」と説明していた。責任をなすりつけられたパート社員が記者会見をして、取締役の指示で行ったことを暴露すると、今度は一転して、自分たちの非を認めた。そして記者会見を開いたのだが、湯木喜久郎取締役の答えは、

「結果的に欺くことになって申し訳なく……」

「（欺くという意識が最初からあったのかの質問に対して）ございませんでした。申し訳ございませんでした」

さらに返事に窮すると、母親の湯木佐知子取締役が横からささやいて助け船を出す始末。この会見で納得した人は皆無に近い。曖昧な受け答えは、相手の不信感を大きくするだけであり、決して問題解決はしないのだ。

第3章

ビジネスでは「説得」より「納得」を目指せ

「切った張った」で展開する3つのガチンコ勝負

ビジネスの現場ではクレーム対応に限らず、さまざまなトラブルにまつわる交渉事がつきもの。その事例を取り上げ、効果的な行動のポイントを説明していく。

ケース1 交渉は対等の立場で行う

●トラブルと交渉の経緯

A氏は、50代前半の中小企業経営者。彼は、著書も持つ新進気鋭の経営者B氏のセミナーに参加した。テーマは、営業の効率化と業務推進の仕組み作り、リピーター客の獲得ノウハウだった。彼は大変に感動し、B氏のファンになった。その時の状況をA氏は、「参加者のほとんどが、朴訥《ぼくとつ》だが理論的なB氏の話に洗脳された感じだった」と振り返る。B氏は、休憩時間になると客席に降りてきて、セミナー参加者と積極的に名刺交換した。

A氏もB氏と名刺交換し、自分の事業内容を熱心に説明した。するとB氏は、「今度メールを送ってください。今後について打ち合わせしましょう」と返答。A氏はいたく感激した。だが、A氏はこの時点で相手のペースにまんまと乗せられていたのだ。

一緒にビジネスをやることとは、単なる受発注とは異なる。「協働（同じ目的に向かい、協力しながら仕事を進めること）に基づいた意識」と、「スタンスの対等」が前提条件だ。だが、A氏はB氏を崇拝しており、対等なコミュニケーションや話し合いはほぼ不可能だった。A氏の冷静さを失った「従」の心に、「主」たるB氏が付け入ったのだ。

ビジネスの現場ではさまざまな問題が起こる。たとえば、信頼していた人が自分を裏切ることもないとは言えない。自分が所属している企業の論理を最優先しなければならなくなった場合、たとえ本意ではなくても、相手に理不尽な要求を突きつける可能性は十分に考えられる。

どんなビジネスにおいても、どんな相手と交渉する場合でも、問題の事前想定能力が必要になる。事前に予測できる問題を列挙し、それが起こった時の対処策をいくつか挙げておく。想定できない問題が発生した時の対処も考えておかなければならない。こうした事前の準備がトラブル回避のコツだ。早い時期にトラブルになりそうだと気づけば、撤退や中止の見極めができ、事故に遭わなくて済む。

話をA氏に戻そう。B氏とのメールのやり取りは続けられ、2人は正式に会うことになった。B氏はA氏が手がけ始めていた起業志望者向けサイトを絶賛。新興企業を対象にアウトソーシング・システム・ソフトを売り込むグループ会社の社長C氏を紹介してくれた。

C氏は「Aさんのサイトに登場したD社の女性社長Eさんは、私の大学の後輩だったんです。最近は全然連絡が取れないのですが……」と言う。A氏は、「自分が憧《あこが》れているB氏の紹介なのだから、C氏も人格者なのだろう」と思い、C氏とE社長の仲介役を買って出た。

ところが、その翌日、E社長が経営するD社から有料ファックス・リリースがA氏の元へ届いたのだ。そのファックスには、全面にわたってC氏の事業が紹介されていた。「自分はB氏の顔を立てようと思ってC氏をE社長に紹介したのに、何の連絡もないとは」とA氏は憤った。再会したC氏とE社長が旧交を温めているうちに、取引の話が出てもおかしくはない。だが、紹介者のA氏には一言の連絡もお礼の言葉もなかった。

A氏はC氏に連絡。だが、C氏は「E社長とはもともと知り合いだったのですから、お礼をする必要性は感じません」「E社長と取引をしても、あなたには関係ないでしょう。D社への配信料金は、私が支払うのですから」「私に文句があるのなら、紹介したB氏に文句を言ったらどうですか」などと、まったく話にならない。しかも、このあと、B氏からの連絡も途絶えてしまった。

A氏は、実質的には金銭的な損害を被ったわけではない。ただ、C氏と、C氏を自分のグループ企業のトップに据え、A氏に彼を紹介したB氏に反省してもらいたかった。しかし、文書や電話、サイトを利用して抗議しても無視されるだけ。やりすぎると、逆に営業妨害になりかねない。相手の会社に乗り込めば、「住居不法侵入」と騒がれる危険性がある。おまけに証拠となる文書やメモもなく、やり取りを録音してあるわけでもない。A氏は、他の人の面前で恥をかかせて反省を促そうと考えた。

A氏が「交渉の場」として選んだのは、C氏が毎週開催しているセミナーの場だった。ここなら、C氏は逃げることができない。C氏と面識のない友人に頼んで、セミナーに参加してもらった。セミナーのテーマは営業活動の効率化。質疑応答の時間になると、友人が手を挙げた。

「営業職の数が限られていたりすると、人の紹介などに頼るケースがあります。その場合、短期間でビジネスが成立すると効率がいいと言えますか？」

「そうですね。ただ、紹介してくれた方への礼儀は欠かせないでしょう」

「こちらから一報を入れ、何かしらの形でお返しするべきと思いますが、それをしつづけると効率が下がっていきませんか？」

「マージンを伴う紹介システムを作ってしまう手もあります。営業のアウトソーシングの一種です」

友人はさらに続けた。

「実は、私の友人が、自分が手がけているビジネスサイトの顧客を、ある人に紹介しました。少しでもお役に立ちたいと善意の気持ちでやったことなのです。その顧客と友人が紹介した人との間で取引が成立したのですが、顧客を紹介してもらった人からはお礼の一言もなく、電話しても冷たくあしらわれたそうです。このようなケースをどう思われますか？」

ここまできて、やっとC氏は気づいた。しばらく沈黙が続き、参加者がざわめき始める。ついに友人はとどめを刺した。

「どうやらお答えが難しいようですね。私もこの場に居づらいので失礼します」

会場を出る前にC氏を見ると、演壇の上でしゃがみ込んでいた。

この日を境に、同社のセミナー広告を見かけることはなくなった。

●交渉のポイント

①対等な立場を保つ

これは、交渉の大前提。クレーム対応の時は、文句をつけてきた人が主役になる。受ける側は脇役だから、まず相手の話を全部聞いて不満がどこにあるかを把握しなければならない。

ただし、これは主従関係とは違う。相手が「主」になってしまうと、「従」は相手の意見に逆らえなくなる。だが、クレーム対応や交渉の場では、相手が言っていることが間違っていれば、はっきり「それは違う」と言わなければならないし、相手に主張すべきことは遠慮せずに伝えなければならない。

そのためには、「どういった点においては、相手の主張を聞き入れるのか」「どういった点においては、一歩も引けないのか」の2点をあらかじめはっきりさせておくこと。

②常に最悪のケースを想定する

第1章でも説明したように、ビジネスにおいて思いどおりにいかないことは多々ある。だから、最悪のケースも予測して、事前に備えておかなければならない。A氏のケースのように、信頼できると思っていた人が、自分をないがしろにすることもありうる。相手を信頼するのは大切だが、甘い見通しはトラブルを招くことになる。

③相手へ与えるダメージは、寸止めで済ます

「窮鼠《きゅうそ》猫を噛《か》む」のことわざどおり、追いつめられた相手は逆ギレする。場合によっては、交渉がうまくいきかけたのに、逆ギレによってこじれてしまうことも考えられる。

怒りにまかせて相手の人格を全面否定したり、身体的特徴を指摘したりする。また、最近急増しているのが、匿名性の高いインターネットを利用して誹謗《ひぼう》中傷する行為。ここまで悪質でなくても、相手のプライドを傷つける言動をしてはならない。

相手にダメージを与えるなら、ビジネス上で相手がどこを突かれたら弱いのか、相手の弱点はどこなのかを考えてみることだ。たとえば、何度も納期遅れを繰り返す業者に対してなら、「お忙しいようですね。現況をお知らせいただけますか？　今回はスケジュールを遅らせるわけにはいきませんので、場合によっては他の業者さんにも一部お願いすることも考えています」と詰めよるとよい。

ケース2　育ての親との確執

●トラブルと交渉の経緯

Fさんは高校卒業後の約6年間、有名カメラマンG氏の元でアシスタントとして働いていた。アシスタントと言っても、荷物運び、ストロボなど機材のセッティング、屋外の撮影でのレフ板（太陽の光を反射させて、明るさを補う道具）持ち、事務所の電話番や雑用などが主な仕事だ。時々、G氏に「撮影した作品を見せてみろ」と言われるが、渡しても、何の評価もしてくれない。

そんなFさんに転機が訪れた。G氏は広告代理店経由で雑誌広告の撮影をすることになっていたのだが、代理店のミスで撮影日時がある月刊誌のインタビュー撮影と重なってしまったのだ。G氏は、インタビュー撮影をFさんに任せることにした。Fさんは、仕事の合間やプライベートの時間を使っていろいろな写真を撮ってきたし、インタビュー撮影もG氏に同行しているから、おおよその段取りはわかっている。Fさんはかなり緊張していたが、それでも何とか撮影を終えた。

その後は、G氏もだんだん仕事を任せてくれるようになった。ある中堅企業の会社案内の写真撮影までやらせてもらえた。初めて雑誌の撮影を自分1人で行った3カ月後、携帯電話に「スタジオ○○のHと申します」と名乗る人から連絡が入った。

「あなたの作品を見て、ぜひお会いしたいと思いまして……」

H氏に会うと、いきなり驚くようなことを言われた。

「あなたが撮影なさったこの会社案内の写真、とても素晴らしいですね。特に従業員たちの表情が生き生きとしている。私たちのスタジオは、今まで商品撮影を主にやってきたのですが、もっといろいろな分野に広げていきたいと考えています。そのためにも、あなたに来ていただきたいと思っています」

給与額などの条件を聞くと、迷う余地はなかった。

翌日、FさんはG氏に辞める意志を伝えた。G氏はあっさりと「せっかく仕事が軌道に乗ってきたのに惜しいな。まあ、健闘を祈るよ」とだけ言った。

転職してからのFさんは、まさに順風満帆。彼の名前はどんどん広がっていった。ある日、事務所にG氏からの封書が届いた。そこには、「キミを育てたのは私だ。違う仕事に就くならまだしも、同じ業界とはずいぶんひどいな。きちんと仁義を通してほしい」と書かれていた。

驚いたFさんは、友人に相談して法律に詳しい人を紹介してもらった。彼は、Fさんとスタジオ○○の間に交わされた契約書を確認したり、Fさんに辞める時の状況を聞いたりした。いずれも問題は認められない。だとすると、問題はFさんの作品に関する著作権の問題なのかもしれない。これには、著作権料の支払いも絡む。

思い切ってG氏の事務所に電話を入れてみた。Fさんから「事務所にはアシスタントが何人かいるが、深夜近くになると、G氏が1人で事務所にいることも多い」と聞いていたからだ。夜11時30分過ぎにかけると、案の定G氏本人が出た。

「△△と申しますが、Fさんはいらっしゃいますか?」

「Fはいませんが……」

「今日はそちらへお戻りになりますか?」

「わかりません」

「明日は、何時頃ご出社されますか？」

「出社したら電話させますが」

「では、急ぎのお仕事をお願いしたいので、よろしくお願いいたします」

これは、あえて藪《やぶ》を突ついて蛇を出す作戦だった。そして予想どおり、Fさんが初めて手がけた企業案内に印刷されているクレジットが変更された。「撮影／F（現スタジオ○○）」から、「撮影・著作／G事務所　協力／F、スタジオ○○」に変更された。これを見た人は、「G氏が撮影するのに、人物Fとスタジオ○○が協力した」、または「スタジオ○○に所属するFさんが協力した」と思うだろう。

クレジット変更を確認した翌日、Fさんの友人はG氏に電話した。

「会社案内のクレジットを拝見したら、Fさんはスタジオ○○へ移られたようですね。昨晩、同業者の集まりがあったものですから、いらした方へもお伝えしておきました」

さらに「あの会社案内の写真を撮られたのは、Gさんだったのですね」と加えた。

数日後、G氏はスタジオ○○のHさんに示談を持ちかける電話をした。

●交渉のポイント

①法を振りかざす相手には、「常識・マナー論」で切り返す

「法に触れていないのだから、問題ないと思います」「それなら、弁護士をつけますから法廷で決着をつけましょう」などと、法を振りかざして開き直る人がいる。法を持ち出せば、相手は対抗できないと考えているのだろう。このような人には、一般常識やマナーで対抗すること。「やったことが本当に正しかったのか。法に触れていなければ許されるのか」を世間に問うのだ。

②相手に理解・納得してもらう、させる

話し合いの基本は、言いたいことを相手に十分わかってもらい、納得、同意、了解してもらうことにある。その時に必要となるのが、「わかりやすく懸命に伝える姿勢」だ。これがあれば、交渉技術が未熟でも、何とか話がまとまるケースが多い。逆に、懸命に伝える姿勢が欠けていると、言葉が相手に響かない。

③自分が設定した着地点に誘導する

相手の意見を聞き入れて譲っているように思わせておきながら、自分のペースで話を

進める。諸条件の着地点を定めるために使われる手法だが、その場合は以下の2点を明確にしておかなければならない。それは①どのラインで落ち着かせるのが妥当か？②最悪の場合、どこまでなら譲れるのか？

条件を突きつけ、まったく折れる気配もないと感じると、相手は反発し交渉が決裂することもありうる。

ケース3 事実誤認が引き起こした騒動

●トラブルと交渉の経緯

ある業界紙にこんな短信が掲載された。

「シニア人材紹介に新規参入した老舗《しにせ》コンサルティングI社がサイト・運営企画会社J社と携帯販売K社へ人材提携を打診していることがわかった。競争が特に厳しい人材紹介参入には相当の投資とノウハウが必要なため、短期間での方策として打ちだしたと思われる」

ところが、この文章に誤りがあった。「人材提携」ではなく「人材提供」だったのだ。

事実関係は、I社が自社の余剰シニアをJ社とK社へ販売要員として提供。人件費削減で利益率を上げて、近々の上場へ備えようとするものだ。受け入れ側は、これらの人を完全歩合に近い待遇で使う。３社の思惑が一致した結果のものだった。Ｊ社とＫ社は有名企業なので、事実誤認報道はＩＲ（投資家向け広報）の観点からもまずい。Ｉ社は間違った記事を書いた業界誌へ抗議する一方で、Ｊ社とＫ社から取材対応の稚拙さを問いつめられることに。

誤報の原因は、記者がＩ社に取材して得た情報を、Ｊ社・Ｋ社に確認しなかったことによる。トラブルを起こした業界紙は、これを解決するために、ある証券会社の幹部を仲裁者に立て、取材にあたった記者とデスクから詳細な経緯書をもらった。同時に、間違えた記事を掲載し抗議が来ていることを会社のホームページで告知。

さらに、問題が出てきた。Ｊ社への問い合わせが殺到してきている。もう迷っている猶予はない。また、新聞社のプライドを気遣っている場合でもない。紙面の一面に１週間、謝罪と修正・訂正記事を掲載することを決定。さらにＩ社、Ｊ社、Ｋ社へ経緯書を渡し、３社と折衝を開始した。Ｊ社・Ｋ社に内容確認をしてもらう工程が欠けていたことを謝罪。この時、「聞き間違い」「記載ミス」「憶測記事」などと発言すると全面降伏を意味してしまうので、避けなければならない。さらに、両社に改めて人材提供に関する取材をお願いした。

●交渉のポイント

①7W4Hをチェックポイントにする

7Wは「いつ(WHEN)」「どこで(WHERE)」「誰が(WHO)」「誰に(WHOM)」「何を(WHAT)」「どうして(WHY)」「他と比べて(WHICH)」。4Hは「どのように(HOW TO DO)」「どのくらい(HOW MANY)」「いつまで(HOW LONG)」「どう捉えられているか(HOW ABOUT)」だ。

これらは、相手を説明・説得する時に落としてはいけない項目。特に相手に解決策を提示する時、トラブルの原因を釈明する時、7W4Hがすべてそろっているかチェックしてほしい。中でも「どうして」と「いつまで」は重要。経緯といつまでに何をしてくれるのかは、クレームをつける相手が知りたがることだからだ。今回のケースでは、経緯書作りにこの7W4Hが活かされている。

②常にテーマを意識し、引き戻す

口のうまい人は、巧みにテーマから話をずらす。少しずつずらしていき、時間をかけていつの間にか本論から遠ざけていくのだ。たとえば、「商品の配送ミスの責任」を追及しているのに、「昨今のトラック配送事情」「トラック事故の多発」「自動車会社のリコール問題」「安全性と危機管理」……という具合に、意図的にテーマからずらしていく。折衝の場では、絶対に避けたいパターンだ。相手がテーマをずらしてきたら、「○○さんがおっしゃることは一般論として正しいかもしれませんが、今、私が知りたいことは、どのように配送ミスの責任をとっていただけるかの1点です。論点をずらさないでください」と指摘して、話を引き戻すこと。

③補償のパターンは、幾重にも用意しておく

トラブルが起こった場合、迷惑を被った側が要求してきた解決策と、トラブルを起こした側が提案する解決策に大きな開きがあると、折衝が難航する。こんな場合は、「金額での補償」「金額に相応する対価での補償」「解決機関に幅をもたせた補償」を組み合わせ、いくつもの解決案を設定するといい。金額だけの補償にしても、一括払いにするのか、分割払いにするのかなど、案が分かれる。こうした細部まで練った上で交渉の場につくことが大切だ。

優位性で外部から攻撃してくるモンスター・ピープル

「人より優位に立ちたい」

最近はストレスを抱えている人が多い。それを相手に返すことができないので、自分より弱い立場の人を虐げて発散したいと思っている人が増えていると思う。そういう歪《ゆが》んだ形で、優位性を保ちたいと考える人も増加してきたと見る向きは多い。

その一例が「モンスター・ペアレント」や「モンスター・ペイシェント」「モンスター・オーナー」などの「モンスター・ピープル」だ。学校や病院は今まで絶対的な存在だったが、今では権威を感じる人が少なくなり、「サービス業」のくくりの中で語られることが多くなった。「それなら、ホテル並みの極上サービスを提供するのが当たり前」と考える人が増えたのだ。学校も病院もかかる費用は決して安くない。以前は「このくらいはかかるだろう」と納得していたが、経済不況→不景気とも相まって「何でこんなにかかるんだ」と捉えられるようになった。それは、モノが安く買えるようになったからだ。

通常は300円くらいで売られているものでも、100円ショップなら安く買える。消費者は、「それなら、何で今まで300円もしたんだ」と不満に感じるようになり、その結果としてモノの一部価格が安くなった。しかし、サービスの料金はほとんど変わらない。病院にかかる費用も、学校の授業料も同様だ。「生徒が増えたから、１人当たりの学費を下げる」と値下げした学校の話はまず聞かない。消費者も賢くなっており、モノなら「原価がいくらで、人件費がいくらぐらいかかって、利益がこのくらい、売価がこれくらいだ」と考え、「この値段なら妥当だろう」と判断するようになった。

だが、サービスは形がないために原価がなかなか割り出せない。そのため、モノよりもサービスへの要求度が高くなってしまうのだ。モノは、目の前に実際の形として存在するので、「これは便利だから、５００円払っただけの価値はある」と納得する。一方、サービスは受けた瞬間には形も結果もない。利用者は、「いい気分にしてくれた」「丁寧にやってくれた」など、感情の部分で値段を判断する。だから、飲食店などで店員の態度が悪いと、「ふざけるな。カネを返せよ」となる。

モノの値段が下がっているのに、サービスの値段はそのまま。資格取得などのスクール、家事代行業など需要のあるサービスは、以前よりも価格が上がっているものさえあるほどだ。そのため、利用者の要求度と現状の差がますます広がってしまった。

昔は、学校の先生の言うことは正しいと思われていたので、子どもが先生にたたかれても親は「お前が悪いことをしたんだろう」としかったものだが、今は「何でうちの子をたたくんだ」とクレームが来ることもある。「先生の教え方が悪い」と文句をつける親もいる。確かに教え方が下手な先生もいるが、モンスター・ペアレントが言う「教え方が上手・下手」とは、モノと同じで目に見える効果についての評価だ。

「学校の成績が上がった」「テストの点が良かった」「第一志望に受かった」など良い結果さえあれば、極端な話、教え方が下手でも親は気にしない。学校や病院で受けたサービスは、すぐに結果が出るものではない。だから「点数が悪い」「受験に失敗した」など残念な結果が出たとたんに、「教え方が悪い」の批判となり、「授業料を返せ」「払わない」のクレームにまで発展してしまう。

消費者はすべてのサービスに対して、良い結果が出なければ満足しない。病院でも、1カ月も入院していると「本当は治っているのに、入院代を儲《もう》けるために退院させないのだろう」と文句をつける患者もいるほど。こういう人たちは威張っていたいのだ。「俺は客だから、偉そうにしていいのだ」の発想。「俺が納得できないのだから」と攻撃に走る。それが、モンスター・ピープルの考える優位性だ。

一面では人任せ、丸投げをしているとも言える。親の中には、「学校に預けていて、しかもカネを払っているのだから、しっかり教育してください」と考え、学校と協力して子どもを教育しようとさえ思わない人もいる。

あるピアノ教室の講師。彼は、親への毎月の報告書に相当厳しいことを書いている。「もう、私の手には負えません」「もう限界ではないですか」など。いちばん手を焼いているのは小学5年の生徒。バイエルを教えているのだが、ほとんどできないので「ドレミファソラシド」に戻りレッスン。それでも十分にできない。その生徒へ、彼はいつもかなりきつくしかっている。同じミスを何度も繰り返すからだ。一度間違えて覚えると、それが頭の中に刷り込まれてしまい、正しいと思い込んでしまう。宿題もやってこないので、忘れないようにと連絡帳を作らせた。親から文句が来たら、「宿題をやってこないから進まないんです」と切り返す用意をしたのだ。また、「先生にボロクソに言われた」とクレームが来ても生徒たちの前でしかっているから、理不尽な怒り方をしているのではないと証言する人はたくさんいる。だから、厳しいことを言っても、親から文句は来ないのだ。

他の講師に対しては文句を言ってくる親もいる。塾に通ってくる受験生の場合は、志望校に受かることが最終目的だ。極端に言ってしまえば、それまでは講師にたたかれようと罵倒《ばとう》されようと、希望校に合格すればいい。しかし、受験に失敗してしまうと話は別。受験生でない場合は、毎月実施している模擬試験の結果が上がらないと文句を言ってくる。「効果が出ていない」とクレームが来るのだ。

「効果」とは何か。勉強で言えば、もちろんテストで良い点を取る、成績が上がることだ。

だが、当然成績の上がらない原因がある。「成績が伸びない原因はこうです」と親に示せるかどうかが重要。クレームが来てしまう講師は、原因が示せない。ネズミが猫をなだめる観点から考えれば、文句が来たら「こうだから、こういう勉強をしなさいと指導しているのですが、お子さんはやらないんですよ。だから成績が伸びません」と返す。用意していない講師だと、親からのクレームに対して「やる気がないんじゃないですか」などと精神論に走ってしまうのだ。そうすると「やる気とは何ですか」と「そもそも論」になってしまう。ひどい講師は、「もっと勉強に来るべきではないですか」と失言してしまい、猫をますます怒らせてしまう。

最近の模擬試験はよくできていて、科目別に出題傾向が項目立てされている。国語なら「漢字書き取り」「文章読解」などに分かれており、各項目で何問正解したかを見ることができる。知人の塾で毎月行っている模擬試験もそうなっているが、ほとんどの親は出題傾向までは見ない。だから、親が文句を言ってきたらそれをもとに、「文章読解は10問中1問しかできていませんから、ここが弱いんですよ。ただ、漢字書き取りは10問中8問できていますね。もっと漢字をやればいいかもしれないですね。そうすれば、文章ももっと読めるようになるかもしれませんよ」と説明する。親は最初怒ってはいるが、「そうか、漢字はできるんだ」と納得する。せっかく得意・不得意かのデータが出ているのだから、それを使わない手はない。

国語ができない小学6年生の親は、塾講師に「うちの子は本を読まない。だから国語ができない」と言ってきた。それに対して、講師は「本を読まないから、国語ができないんじゃありません。国語ができないから、本を読んでも楽しくないんですよ」と答えた。そして、「『逆も真なり』で、できるようになれば、もっと楽しくなりますよ。だから、本を読むより、国語をできるようにするのが先決です」「国語ができないのは、宿題をちゃんとやらないからです。苦手を克服するために宿題を出しているのに、それをやらなければ成績が上がるはずもありません」と続けた。ここまで言うと、親は何も反論できなかったそうだ。

優位性にモノを言わせようとするのは、企業内や地域社会・ご近所でも同じだ。社内なら上司と部下の関係。「俺は上司だから言うことを聞け」、あるいは雇用者と被雇用者なら、「会社の業績が悪いから辞めてほしい。こちらは雇っている側なんだから、言うことを聞け」と攻めてくる。特に、派遣社員はこう言われると抵抗のしようがない。近所付き合いの場合、20年以上もそこに住んでいる人は、引っ越してきたばかりの人を「新参者」と見る傾向が強い。だから「挨拶《あいさつ》にも来ない」「ゴミの出し方が悪い」「犬がうるさい」と文句をつけてくる。中には「自治会の役員は、若い人にやってもらいたいね」と、押しつけてくる人もいるようだ。

日本人は優位性の意識、人より優位に立とうとする欲求が強いように思う。友人が頻繁に行く飲食店には、超難関大学のアルバイトがいる。その店で働くようになってもう半年以上経《た》つのだが、やることの1つ1つが鈍い。言われたことはきちんとやるが、応用がまるで利かないらしい。

ある会社の営業部が、その店で新年会をやった時のこと。部長が部員に向けて挨拶していた。そこへ彼がお通しを持っていったのだが、部長が話しているのにもかかわらず、「今日のお通しは……」と説明を始めてしまったため、文句を言われた。

また、ある時は洗い場に器がたまっていた上に、客席からまだ下げていない器がたくさんあった。お客に料理も出さなければならない。こうした時にはそれが優先されるが、「食べ終わった料理の器を早く片づけてほしい」と待っているお客もいる。同時に要領よくこなさなければならない。ところが、そのアルバイトは器を下げようとしなかった。その理由は「洗い場がいっぱいで、下げた食器を置くところがないから、先に器を洗わなければダメだと思って……。だから、洗い場の器を誰か洗ってくれないかと待っていたのですが。僕は、大学へ入るのに物事をそういう順番で習ってきました」と答えたのだ。それに対して、店長は「ここは大学じゃない」と返している。

彼は歪んだ優位性を持っている。「僕は有力大学生なのに、飲食店のバイトをやってあげているんだ」の意識がどこかにあるのだろう。「郷に入れば郷に従え」の発想があまりないのだ。「この状況において何をやるのが適切か」を考えなければならないのに、自分が優位にいたい欲求のために、「こういうやり方しかしていないから……」と押し通そうとする。生き馬の目を抜くような人が増え、いつ・何が・どうなるかわからない不安定で不透明な世情だから、いつも見下すことができる相手がいると安心できるのだろう。そういうところから、モンスター・ピープルは生まれてくる。

理解・納得させられないリーダーが組織を滅ぼす

社内のリーダーが歪んだ優位性を振り回しすぎると、関係者を納得させることができず、ビジネスが成り立たなくなる。

以下は、懇意にしている経営者から聞いた話だ。

その経営者の知り合いで、ウェブサイトの企画・制作や企業のサイトにコンテンツ（情報）を提供するA社を経営しているB氏は、元は大手家電メーカーの宣伝部に在籍していた。彼自身はプログラミングやウェブデザインの技術こそは持っていないが、数名の社内スタッフや外部の協力会社が実際の作業を行っている。B氏は話がうまく、大手企業のホームページ制作なども受注してくる。ところが、ほとんどの仕事が長続きしない。1年以内に打ち切られてしまうのだ。

経営者が言うには、口先だけで大ぶろしきを広げ「こんな企画はどうですか?」「このコンテンツは、海外の取材をもとに作りましょう」などと吹聴《ふいちょう》するのだが、契約が決まった後は自分では何もやらず、すべてスタッフ任せ。出来上がったホームページを見ようともしないそうだ。そのくせ、外部スタッフからはしっかりと上前をはねる。

B氏は、頻繁に以前勤務していた会社の話をする。大手企業の宣伝部にいたのだから、CM撮影などで大物俳優などと一緒になることも多かったのだが、その時の自慢話がほとんど。

「液晶テレビのCMでは、女優の◯◯さんと仕事をしましたよ。撮影が終わってから、銀座の有名な料亭で食事したんだけど、とても喜んでくれてね」「この商品の広告には、どうしてもハワイの写真が使いたくてね。それもイメージどおりの風景を撮り下ろしたかったから、写真家の△△さんを行かせたんだ」

B氏は、常に優位性に基づかないと生きていけない人のようだ。大手企業での過去の経験を頼りに、人を見下したように話す。簡単に言えば見えっ張りなのだが……。

この人は、口はうまいかもしれないが、相手を納得させることはできない。口は達者だから、大手企業相手に契約を成立させることはできる。彼の話は、一応みんなわかるからだ。しかし、相手から2~3の疑問が出てくる。つまり、相手はB氏の話を理解はするが、納得はしていないのだ。

理解は「あなたの言っていることは、いったんわかります」の意味。納得は「あなたのおっしゃるとおりです」だ。さらに合意に進むと、「よくわかりました」になる。理解の「わかります」は進行形、合意の「わかりました」は完了形。だから、合意の「わかりました」の後には、「一緒にやりましょう」「この企画を進めてください」などの言葉が続く。A社の企画のほとんどに対し、相手から「わかりました」の言葉は出るが、納得を経ていないので合意時のように「やりましょう」の積極的な言葉はなかなか出てこない。歪んだ優位性を露骨に表すため、相手を納得・合意させられないからだ。たまたま企画が通っても長続きしない。いつまでもうそをつきつづけられないのと同じだろう。

次は、知り合いのコンサルタントが相談を受けた事例だ。

大手流通業の人事部にいたC氏は、人材育成の研修などを行うD社を経営している。社員は事務の女性2人しかおらず、C氏自身が企業を回って研修を実施。彼は、同じ流通出身のE氏が経営している輸入雑貨の会社・F社の社外取締役をやっていた。

ところが、F社の経営状態が悪化。C氏はF社から月額80万円受け取っていたのだが、それがなくなるとかなりの痛手だ。そこで、F社の社員、GさんとHさんに「F社の仕事をしながらでいいから、うちの仕事もやらないか」と誘った。さらに問題なのは、F社で扱っていた製品とライバル関係にあるI社の製品の営業を、GさんとHさんにやらせたのだ。I社の営業部長も同じ流通出身。C氏は同社の人事研修もしたことがあり、製品についての知識も一通りはあった。C氏は2人に偽の名刺まで作って渡した。これは、営業妨害であり完全な犯罪だ。

さすがに良心の呵責《かしゃく》に耐えかねたのか、Gさんが自分の上司に事の次第を打ち明けた。上司は、I社に証拠の書類を送ったそうだ。知り合いはI社のコンサルティングをしていたので、相談を受け、D社に抜き打ちで出かけていったそうだ。

その後、C氏がどうなったかはわからないが、彼も「○○にいた頃は……」と自分が在籍していた企業の話しかしなかった。過去の話ばかりで現在の話がない。先のB氏同様に口がうまくて、相手を理解させることはできる。だが、納得まではいかない。

B氏もC氏も、「昔はよかった」とやたらと言うようだ。気力や体力など、いろいろなことが充実していた時期の自分に対する愛着、慈しみがあるのだろう。昨日より今日、今日より明日の方が一歩でも進んでいてしかるべきなのがビジネスの世界なのに、それが止まってしまっている。だから、「過去はこれでうまくいった」「これが許された」と物事を判断してしまう。ビジネスの最終目的は同じにせよ、手法は状況などの変化によって違ってくるはずだ。

しかし、彼らにやり方を変える発想はない。それでも理解させられるのは、たとえば企業のホームページ制作なら、その会社の強みを過不足なく伝えるポイント、人材育成においての要諦《ようてい》など、企画の根本的な考え方が時代や状況で大きく左右されないケースも多いからだ。しかし、「納得するか・否か」「合意するか・しないか」は、現在の状況において手法が適切か、効果は上がるのか、他に方法はないのかなどの判断においてなされるものであり、不変ではない。納得・合意まで至らない理由はここにある。

こういう人たちは、変化が怖い。変化へ対応するのは難しく、自分ではいかんともしがたいものかもしれない。自分で変えるのならいいが、変わったものに対して自分を合わせることは、この先どう変わるかも予測できないために面倒なことだ。彼らは、それを避けて「俺は今までこうやってきた」で物事を片づけてしまっている。

モデルの押切もえさんの著書『モデル失格』（小学館１０１新書）の中に、次のような文章がある。

「変化することに慣れ始めると、今度は変化のないことに不安を抱えてしまう」

変化することに慣れていないと、変化することに不安を感じてしまう。それは、前述した2人のことだ。では、「変化のないことに不安を抱えてしまう」人たちは、継続的に「変えよう」「変わろう」とする。この発想がないと、商売も「十年一日・百年一日の如《ごと》し」でやってしまう。

こういった人には、手法が1つしかない。クレーム対応や交渉など人との接し方で、手が限られている上に昔のものであれば、うまくいかないのは当たり前だ。会社を辞めてそれがなくなった時に、「何が優位性か」を考えず、相変わらず大手企業の中にいるかのような妄想・幻想の中に生きている。当然のことながら、相手を納得させられるはずもない。

その結果、どうなるか。こういった人に共通しているのは、人がどんどん去っていくことだ。離れていく人たちは恨み・つらみを持っているので、「いつか仕返ししてやろう」と考えてもおかしくない。すると、またトラブルが起こる。つまり、クレームへ発展する因子をたくさんばらまいてしまったのだ。文句を言ってきた人に、「あんたと話していても仕方がない」「上司に代われ」「話がわかるやつに代われ」となる。それは、相手を納得させられないからであり、人が去るタイプと同じだ。

逆に、相手を納得させるためには、正しく優位性を認識すること。「主役は誰なのか」を強く認識しないと歪んだ優位性が露呈してしまい、相手に感づかれてしまう。自分の方が優位だと思うと、相手の求めていることを把握することはおろか、発言に対して「何を言っているんだ。大したことじゃないだろう」と口走ってしまうことさえある。すると、前述したようにお客は自分が偉いと思っているから、問題がさらにこじれてしまう。「誰が・何のために・何をしているのか」がわかっていないから、大半の場合に揉《も》め事へ発展する。「口から出まかせ」と言うが、そういう人は「コアコンピタンス」「コンプライアンス」「スペック」「エビデンス」などの英単語を並べたりしながら、「何となくすごいな」と思わせてしまう。ただ、それはせいぜい理解の範疇《はんちゅう》であって、納得ではない。「すごいとは思うが、よくわからない」のだ。納得は、「おっしゃるとおりです。なるほど、そうですね」であって、カタカナ言葉を並べて話されても、「なるほど」と思う人はほとんどいない。相手がわかるかどうかはかまわずに英単語を並べて話す人は、自分が主役だと思っているのだ。相手にわかってもらいたいとは考えていない。相手に納得してもらいたいなら、たとえば「コアコンピタンス」は使わずに、「競合他社に負けない当社ならではの競争力」など、少なくとも日本語で相手がわかる言葉を使うはずだ。だが、英単語を連ねる人は、それを話している自分に酔っている。

こういう人がリーダーをやっていると、組織は脆《もろ》くなる。ビジネスは納得・合意で成り立っているのであり、理解だけでは成り立たないからだ。人との交流も同様。ビジネスを成り立たせるために非常に大きな義務を持っているリーダーがこういう調子だと、組織は滅びる。潰《つぶ》れた会社は、こうしたリーダーが猛威を振るっていたからだと思う。

思わず納得する言い訳、非難される言い訳

納得するとは、どういう状態なのだろうか。繰り返しになるが、1つは相手が「なるほど。おっしゃるとおりです」と言う状態だ。もう1つは、「そこまで言うなら、仕方ないだろう。やってやるよ」のパターン。いわば泣き落とし、相手をあきれさせてしまう戦法だが、「わかった、わかった。それ以上言わなくてもいいよ」と思ってもらうのも手法の1つだ。

「言い訳」は今まで、その場しのぎや言い逃れ、詭弁《きべん》などのイメージがあったが、私が考える新しい定義は、相手に理解・納得してもらうためのツールだ。では、納得してもらえる言い訳は、納得してもらえない言い訳とどこが違うのだろうか。次の2つの事例をもと

に考えていこう。納得してもらえるものには「◎」「○」が、納得してもらえないものには「×」が表記してある。

事例1 社長のカツラがずれていた時

◎ 会議モードにはまだ入られないのですか？　まだ寝癖がついています。

○ 髪型を変えられたんですね。

カツラだと隠している人のばれた時のショックは相当なものだ。もちろん、直言はできない。「感づかせる→鏡を見させる→具体的に気づかせる→直させる」が目標とその段取りだ。だが、「鏡を見てください」「ヘアスタイルが乱れています」と言っては温かみがなく、相手に不信感を抱かせることも。◎は、「その身なりでは会議にふさわしくない」の意味も含まれる。○は「変えられた」がカギ、「変わったんですね」はご法度。後者は人にやらさせれたの意味が強いが、前者は自分の意思を強調している。

×会議の前にトイレを済まされたほうがいいと思います。

回りくどいし、「必要ない」と言われればそれまで。仮に行ったとしても、鏡をよく見

ると は限らない。

× 部屋をお出になる前に、このブラシをお使いください。

女性秘書のブラシを気軽に使えるわけがない。これを言うなら、「社長、ブラシをお借りできますか」と投げかけ、「自分でチェックするから」と言わせて、直しへ至らせる。

× 社長、今までの方がいいと思います。

一瞬、何を言われたのかわからないはず。あくまでも、「今日は何かが違っているんだ」と気づかせることが第一。過去を持ち出しても説得力は薄い。

事例2 部下に恥ずかしい内容の間違いメールを送ってしまった時

◎ あっ、それね、キミも姪《めい》や甥《おい》を持つとわかってくるさ。

○ 迷惑メール？　転送ってそうされるんだ。

釈明すればするほど、疑惑を持たれてしまう。送った事実は完全に認め、短い言葉で論点をずらす。そして、相手に「これ以上聞いても意味がない」とあきらめさせる。しどろもどろにならず、堂々と臆《おく》せず言うことが重要。

× いやー、恥ずかしいものを見られちゃったな。

照れ隠しであっても「恥ずかしい」と口走ると自爆する。「どうして恥ずかしいんですか」と突っ込まれて話を膨らませてしまう。

× どうしてこうなったのかわからない。

答えになっていない。送られた側は「わからない」から尋ねているのだ。

× 電車男みたいだろ。

意味もわからず、若者に迎合しようとすると、上司の面目が潰れる危険性も。

言い訳する時には、保身や自己主張は二の次。事実は認めて、相手を傷つけないことも重視しなければならない。

言い訳のタイプには、4つある。それは「意表つき」「すり替え」「褒め抜け」「萎《な》え技」だ。「意表つき」は、まったく脈絡のないフレーズを発し、相手をあきれさせるタイプ。「すり替え」は別な話にすり替えることによって、相手の気をそらせる方法。言い訳の達人とも言える。「褒め抜け」は、相手を褒めてその場を回避しようとするタイプだ。「萎え技」は、相手の気分を萎えさせて何も言えなくさせるタイプ。

相手から非難されるのは、この逆だ。言い逃れや詭弁と捉えられる、保身や自己主張が露呈する、相手を傷つける、画一的、解決策がないなどは、相手を納得させられない。

麻生太郎氏は株価対策などをテーマとした有識者会合で「やっぱり株屋は信用されていない」と発言。さらに「株をやっていると、地方だと何となく怪しい（と思われる）。私は地方出身だが間違いなくそうだ」とも言った（2009年3月21日）。これは間違いなく、証券会社に勤めている人や投資家を誹謗中傷している。しかも、政府は個人マネーを株式市場に呼び込むため、「貯蓄から投資へ」とのスローガンを掲げているのだが……。

麻生さんの発言が正しいのなら、「株屋」や地方で株式投資をしている人がいなくなれば、日本の未来も明るくなるのだろうか。

どうすれば、相手を納得・合意させられるか

クレーム対応でも、理解の「わかりました」で終わらせず、納得・合意・行動まで持っ

ていかなければならない。相手が理解はしても、納得・合意できなかった例を2つ取り上げてみる。

あるメーカーの購買担当者は、発注していた部品が予定どおり届かないため、その会社の営業担当に電話をした。ところが担当者は海外出張。困った彼は、電話に出た人に用件を伝言した。2日後、再び連絡を入れたが、まだ出張先から帰ってきていない。そこで彼は、伝言を頼んだ社員に代わってもらった。「まだ納品されないのですが、どうなっていますか?」「担当者が出張中ですから、全体像がわかりません」「〇〇さん(営業担当)に連絡は取れたんですか?」「はい」「何と言っていましたか?」「御社から、問い合わせがあった旨は伝えておいたのですが……」「それで、どうして遅れているんですか」「わかりません」「急いでいるのですが、どう対処してくれるのですか」「全体像を把握すべく、関連部署にも問い合わせていますので」

また、私の先輩が顧問をしているポータル会社に、次のような電話があった。「娘が私のカードを勝手に使って、ネット通販で7万円も買い物をしたのだが、未成年者がやったことだから、その分は支払えない」。電話に出た担当者は「通販サイトの運営会社に詳細を確認して、ご連絡します」と答えた。相手が「連絡はいつ頃もらえますか?」とめどを聞いてきたので、「運営会社に聞かないとわかりませんが、だいたい1週間くらいでしょうか」と適当に答えてしまう。相手に「そんなに時間がかかるの？」と言われると、「支払いが取り消しになった場合は、運営会社の売り上げにも影響しますから」と失言。「そんなこと、こっちに関係ないでしょ！」と相手を相当怒らせてしまった。

2つの例はいずれも、クレーム対応した人の発言内容が全部事実だから、相手も理解はできる。担当者が海外出張に行ってしまっているから、全体像はわからないだろうし、「担当者に言った」のも、どのように伝えたかはわからないが「まあ、話しているんだろう」とは思う。通販サイトの運営会社に詳細を聞かないと答えられないのも事実。しかし、これを言った瞬間に、相手は「全体像がわからないのは理解したが、そのあとどうしてくれるの？」「担当者に伝えているのはわかったが、その結果どうなったんだ？」と思い、決して納得しない。むしろ「言葉じりをつかまえてやっつけてください」と言わんばかりの表現だ。

上記の2例には3つの問題点がある。

1つは、今わかっていることとわからないこと。言い換えれば、今できることとできないことが区別されていない、明確化されていない点。

2つ目は、事実であっても、相手に何でも言ってよいとは限らないこと。これは隠蔽《いんぺい》することではない。「全体像がわかりません」「これは、運営会社が判断することですから」

と言われたら、たいていの人はカチンとくる。事実なのは間違いないが、クレームをつけてきた相手は「責任逃れをしている」と怒りを増幅させる。事実であろうと、言ってよいことと言わないほうがよいことに対する判断能力がきわめて希薄なのだ。

3つ目は、最終的に納得するための論点が明確になっていないこと。論点の確認をしていない。最初の購買担当者のケースだと、彼は「急いでいるのだから、何とかしてほしい」と頼んでいるのだが、相手は「全体像を把握すべく……」と応じるだけ。彼にとって全体像は関係ないし、それを教えてほしいと要求しているわけではない。ポータル会社の事例は、相手は「未成年だから払わなくて済むようにしてください」と要求している。しかし、親の管理責任は論点にまったく出てきてはいない。それなら「そうおっしゃいますが、実際にお子さんが使っていますよね。未成年者が使ったのは事実ですが、カードの管理責任をあわせて考えた時には、まったく払わないという議論にはならないんですよ」と対応することができる。

カードを使っているところの映像が残っているわけではないのだから、本当に子どもが使ったかどうかもわからない。「自分で使ったのだが、あまりにも料金が高くなってしまったから、子どもが使ったことにして支払いを逃れよう」と考えた可能性もある。相手に論点をずらされたままで進んでしまっているのだ。これが詐欺まがいのサイトで利用者が被害に遭っているのなら話は別だが、そうでない限りは使ったものは払うのが当たり前だ。しかし、そういう議論になっていない。

上記3点を逆にしてみよう。やれること・やれないこと、わかっていること・わかっていないことをその時点ではっきりさせている、それをちゃんと確認して、相手に整理、体系化して伝える。そして、言ってよいことの瞬時的判断ができている。論点は明確になっている。しかも、論点が1つに絞られている。何が正しいことかをわかっている。カード決済にかかわるクレームの場合、「支払う・支払わない」が論点になることが少なくない。しかし、先のケースは、相手が主張する「子どもが使ったのだから支払わない」は論点にならない。だから、「それは違います。誰であれ使ったのは確かなのですから、支払っていただかなくては困ります」と言えなければダメだ。もし、「娘さんが使った根拠は何ですか」と聞いたら、相手は何と答えるのだろうか。カードを使った履歴は残っているのだから、きちんと払うのが筋だ。

電話を受けた人間が詳細を判断できないのは事実だが、それなら「サイトの運営会社の担当者に聞かないと判断材料が希薄なので、それを聞いてからお答えします」と言うべきだろう。いきなり「わかりかねます」と答えてしまうと、相手から「こっちのほうがわかりかねるよ」と突っ込まれても仕方ない。電話を取った人は、そのクレーム内容に直接かかわりがないにしても一次責任者だ。その認識がないから、「わからない」「知らない」と言ってしまう。「自分は一次責任者だ」と認識を持つことが、相手を納得させる基盤なのかもしれない。

もう1つ大事なことは、やり取りしながらある程度の結論を見いだすことだ。「この人はこういう要求をしているから、こういう結論を出すべきだ」と想定しておく。その場で結論を出すか否かは別にしても、着地点を考えておかないと水かけ論で終わってしまう危険性もある。「クレーム対応では、相手の話を全部聞くこと」と言われるのは、結論を見いだすためでもある。しかも、結論は複数用意しておくことが重要だ。

第二次世界大戦中にドイツの国家元首となったアドルフ・ヒトラーは、物事が単純に割り切れないことを知っていた。人の感情を操作するために、二分法を意図的に使ったとされる。人間は「何を飲みますか?」と尋ねられるとどうしようか迷うが、「アイスコーヒーと紅茶、どちらがいいですか?」と聞かれたら、よほどのことがない限り「コーラにします」とは言いづらいので、どちらかを選んでしまう。

クレーム対応の場合も同様で、故障した商品に対するクレームなら、相手の話を聞きながら「代金を返却する」「代わりの商品を届ける」などの選択肢を用意しておく必要がある。それを強要するのではなく、相手に選ばせることがポイントだ。ただ何となくやり取りしている人は、着地点を複数想定することができず、最後には相手へ「どうすればいいでしょうか?」と聞いてしまうことさえあるが、これは非常にまずいケース。「どうすればいいか」はクレームを受ける側が判断して、提案することだからだ。相手によっては、そこを突いてくることもあるから、答えは必ずこちらで用意しておかなければならない。

人間は、問題が起こると無難に済まそうとする。だが、この発想を持っている限り「難」は残ってしまう。「無難」には「何となく形を整える」「波風を立てない」などのニュアンスがあり、「完全」とはいかない。

ダメな経営者は勘と経験に頼り、どんぶり勘定で物事を進めてしまう。特に「前例がないからやらない」と考えた結果で同じ方法ばかり取る人は変化を嫌がる人であり、いい解決策が出るはずがない。「常識外れ」の表現は言い過ぎかもしれないが、固定概念・既成概念と呼ばれるものを必要以上に恐れていると、相手を納得・合意させられないと思う。今までになかった新しいものは、「なかなか斬新《ざんしん》じゃないか」「他とは違う」と評価される。「そういう考え方もあったのか」と相手に納得してもらう要因の1つとなる。言い換えれば、人と同じことだけやっていても相手を御することができない。

クレーム対応はまさに同じ。マニュアル本を見ると、「こちらに非がある場合は、まず

『申し訳ありません』と謝りましょう」と書かれている。確かに謝ることは必要だが、「○○について申し訳ございませんでした」と具体的に言わないと、全面的に非を認めたと解釈されても仕方がない。ひと昔前は、「謝ってくれたのだからいいだろう」と許してくれる鷹揚《おうよう》な時代だった。しかし、現代のクレーマーは言葉じりを捉えること自体が楽しいのだ。これが時代の変化。それに即応しないでマニュアル本どおりにやっていると、クレーム対応は失敗する。

これは他人との区別化だが、難しいことでも何でもない。「○○について」などちょっとした一言を加える工夫をする。マニュアル本をバカにするのではなく、「本当にこれで現実に即応しているのか」を検証すること。書かれているとおりにやってみて「これは合っている」「これだと失敗する」「もっとこうしたほうがいい」と確かめるのが、マニュアル本の本来の使い方だろう。丸暗記して対応するのはナンセンス。前述した大学生のアルバイトのように、お客の１人がみんなに向かって挨拶していても関係なく、お通しや料理の説明を始めてしまうようなものだ。クレーム対応術の基本が大きく変わったわけではない。だが、時代の変化などに合わせて、それを応用していくことが重要なのだ。

column

納得できない説明ワースト4

●中川昭一さん（政治家）

２００９年2月にローマで開かれた先進7カ国財務相・中央銀行総裁会議（Ｇ７）後、朦朧《もうろう》とした状態で記者会見に臨んだ中川昭一・財務相兼金融担当相（当時）。ろれつの回らない発言、目はうつろ。記者の質問へはまともに答えられず、日銀の政策金利を言い誤ったり、Ｇ7をＧ20と間違えたり、質問した記者が誰かわからず「どこだぁ？」と叫んだり、「共同宣言みたいなものが出ました」と発言したり。日本銀行総裁の白川方明さんの前に置いてあったグラスに手を出したりもした。これが世界中に報道され、各国のメディアで酷評された。これについて中川さんは、「風邪薬を通常よりも多めに飲んだのが原因」であり、飲酒はしていないと釈明した。

帰国後には、「風邪薬をローマに向かう飛行機の中で飲んだ。それが多めになってしまったことが原因。酒も飛行機で飲み、その相乗効果で誤解を招いたのは事実で申し訳ない」と陳謝。記者会見前の飲酒については、前の日はパーティでは飲んだが、記者会見の前には飲んでいない」と否定した。

このあと行われた衆議院財務金融委員会では、G7閉幕後と記者会見の間の昼食で、ワインに口をつけたことは認めた。「ゴックンはしていない」とのこと。ところが、その夜にマスコミから取材を受けた時には、「グラス1~2杯は飲んだ」と飲酒を認める発言を。理由を聞かれると、「そこにグラスがあったから」と述べた。ワインを「ゴックンしていない」とは、口に含んで飲み込まず吐き出したのだろうか? それほどまずいワインだったのか? 「そこにグラスがあったから」――登山家の名言を汚す言い訳だ。聞かれるたびに言っていることが変わり、どんどん自分で自分の首を絞めてしまった。

ちなみに、風邪薬を多めに飲むほど具合が悪かったはずなのに、記者会見終了後、バチカン市国にある博物館を公費で観光。美術品を素手で触ったり、著名なラオコーン像の台座に座るなど、やりたい放題だったらしい。

●日本漢字能力検定協会

2009年2月、公益性が求められる財団法人にもかかわらず、儲けすぎだと指摘された。しかも、その利益を理事長たちが不適切な目的で使ったと批判された。年間で約270万人が受ける漢字能力検定で上がった収益から、大久保昇理事長や息子の大久保浩副理事長が経営するファミリー企業に多額の業務委託費を支払っていたことが発覚。ファミリー企業は、出版会社「オーク」、広告会社「メディアボックス」、情報処理会社「日本統計事務センター」、文章作成支援ソフトの開発を行う「文章工学研究所」の4社。これらに支払われた委託費は、最近3年間で合計66億円に上り、協会の支出総額の約3割を占める年もあった。資格ブーム、漢字ブームなのは知っていたが、こんなに委託費を払えるほど儲かるものなのか。任天堂DSにも漢検に対応したソフトがあるが、その売り上げの一部も協会の懐に入っていたのだろうか。

広告業務を委託された「メディアボックス」は、協会職員が業務を肩代わりしており、実態はないに等しい。「日本統計事務センター」は、レーシングチームのメーンスポンサーとして資金投入。漢検の収益が使われた可能性もある。「日本統計事務センター」は大久保浩副理事長が代表を務めているが、彼はカーレースが大好き。出張しているはずの副理事長が、海外で行われているレースの中継に映っていてびっくりした関係者もいるとか。漢検協会2階にある漢字資料館に展示されているレーシングカーは、漢字で装飾されている。車と漢字が好きな男……?

ところが、問題が表面化してから約2週間後に開かれた協会の評議員会で、大久保理事長は「記者の態度が悪い」と言い出す始末。「いろいろな記者会見を見てきたが、どれも最後には必ず謝っている。私は謝りたくないので会見はしない」と発言した。

同協会のホームページには、次のような文章が掲載されていた。

「この度は、弊協会の報道に関する件で、受検者の皆様や検定実施団体の関係の皆様にご心配をおかけしておりますこと、誠に申し訳なくお詫び申し上げます。記事の内容については、現在事実の確認をしております。文部科学省の立ち入り調査については事前に予定されていたものであります。いずれにいたしましても弊協会としましては、文部科学省の調査に全面的にご協力し、その調査結果を皆様にご報告するとともに、今後の運営計画に反映していく所存です。

受検者の皆様や検定実施団体の関係の皆様にご心配をおかけしたこと重ねてお詫び申し上げます。」

同協会は、以前にも1999年から2007年までに、指導監督基準違反があるとして、13回の文部科学省の指導を受けていた。それでも懲りずに続けたのだから、今回のことは当然の報いなのだろう。その後、理事長辞任など数々の制裁を受け、実質的に空中分解したことは皆さんもご存じだろう。

●ミートホープ

2007年6月20日、内部告発によって、北海道加卜吉（加卜吉の連結子会社）が製造した「COOP牛肉コロッケ」に豚肉が混入していたことが発覚した。加卜吉が事実確認を行ったところ、北海道加卜吉には原料の取り扱いミスはなく、ミートホープの責任者は加卜吉に「納入している牛肉に豚肉が混ざっていた」と報告。新聞社の取材に田中稔社長は「故意ではなく、過失」であったと強調。

田中社長は、翌6月21日の記者会見でもこの件について否定。混入のきっかけは、工場長から「牛肉が足らないので豚肉を混ぜていいいか」と聞かれ「混ぜてもいい」と了承したためとした。だが、工場長は「社長の指示があった」と勇気を出して反論。それでも、田中社長は「私は指示していない」「たまたま混入していたのかもしれない」とひたすらごまかしていた。そんな父親を見ていて業を煮やしたのか、社長の長男・田中等取締役が「社長、曖昧《あいまい》なことを言わず、やったならやったと認めてください」と、報道陣の面前で談判。とうとう自分が指示したことを認めた。混入を始めたのは7~8年前。豚肉を混ぜることで、コスト削減を行ったのだ。

その後、牛肉100%のひき肉の中に豚肉や鶏肉、パンの切れ端などの異物を混入させて水増しする、色の悪い肉には血液を混ぜて色を変える、味を調整するために化学調味料を混ぜたことなどが明らかに。さらに、消費期限が切れたものをラベル変更して出荷、腐りかけた肉を細切れにして少しずつ混ぜるなどの不正行為も判明した。

牛肉以外にも、ブラジルから輸入した鶏肉を国産の鶏肉と偽って、自衛隊などに販売していたことや、サルモネラ菌が検出されたソーセージをデータ改竄《かいざん》して学校給食用に納入していたことも明らかになっている。

同社は、不正競争防止法違反（虚偽表示）容疑で本社など10カ所を家宅捜索された。田中社長はマスコミの取材や裁判で「半額セールで喜ぶ消費者にも問題がある」などと責任を転嫁する発言を繰り返し、消費者に謝罪することはなかった。半額セールで喜んで何が悪いのか聞きたいところだし、そうした消費者心理を悪用するほうが問題だろう。

一方で、北海道加ト吉の工場長が本来捨てるべきであるコロッケを、ミートホープ社に販売して20～30万円の利益を不正に受け取っていたことも明らかになった。この収益は会社の利益に計上せず、社内の懇親目的に使用していたといい、この工場長は不正が明らかになった6月24日付で解任された。これに絡み、加ト吉創業者の加藤義和氏は経団連理事のほか、社外の公職をすべて退いた。

6月25日には、ミートホープは会社を休業し、全社員を解雇することを発表。7月17日には、自己破産を申し立てた。10月24日には、田中社長が不正競争防止法違反（虚偽表示）の疑いで逮捕された。

工場長は、「消費者をだましている」の意識を常に抱いていたようだ。だが、「社長は雲の上の人だから言えなかった」と話した。その「雲の上の人」も、息子には勝てなかった。息子に促されるまで真実を言わなかったことも情けないが、「消費者にも問題がある」と言って謝罪をしないのは、経営者としてあまりにひどい態度だ。

●高岡蒼甫さん（俳優）

ＮＨＫの大河ドラマ「篤姫」で注目された宮﨑あおいさんの夫で俳優の高岡蒼甫さんは、モデルの女性と手をつないで彼女の家に入り、一夜を共にしたと女性週刊誌で報じられた。2人で家に入ってから3時間後、高岡さんが1人で出てきた。モデルの所属事務所は、「パーティに参加して家までエスコートしてあげたことは合っているが、玄関の前でのどが渇いて水を1杯飲んで帰っただけ」とし、一夜の関係については否定した。

水1杯で3時間。よほど飲むのが遅かったのか、どこかへ天然水でも汲《く》みに行っていたのか？

封切りを前にしている映画の記者会見で不倫騒動について聞かれた宮﨑あおいさんは、「大丈夫です。ちゃんと仲良くやってますから」とけなげに応じた。聡明な彼女も、さすがにこれ以上の説明は思いつかなかったか？　当の高岡さんは、自身のブログで「自分には信じてくれる家族がいる」「絶対に裏切らない」と書いている。

第4章

切り返しのテクニックは
こうして身につけろ！

聞かぬバカ、慌てるバカには幸運は決して訪れず

「捨て目・捨て耳を使う」――なる言葉がある。周辺へ常に目と耳をそばだて、気遣い・気配りをする意味の芸能用語だ。「3つの不（不満、不安、不足）」を的確につかみ、手助けを惜しまないルールを守る習慣を示す。世間一般ではリーダーが部下をよく観察し、難局へすぐ助言する仕組み作りを表す。ここで留意するのが、観察の定義と具体的な手法。ひとつ間違えると、部下の不信・不快感が高まり、短期間で組織が崩れていく。

ある若手経営者は感情の起伏が激しく、人に対して上目遣いがしみついている。人へは細かく指摘するのだが、「自分は大ざっぱなのに、重箱の隅をつつくような各論優先で嫌気がさす」と疎んじられる場面が目立つ。「そこに置いてある資料を右へ10センチ移動してください」「さっき取引先へ話していた件は、こうすると当社の儲《もう》けへ持っていける」。間髪入れずにこう言われると、どんな寛容な人でも頭へくるだろう。

部下を観察するのではなく、監視と取られる立ち居振る舞いはご法度だ。あからさまに見聞きしつづけていては、双方の信頼感など生まれるはずもない。

「捨て目・捨て耳」は気配りを大前提としたもので、大の大人を半人前と捉え、赤子のよ

うに扱うのとは違う。人に信頼されていないと気づけば、相手を敬う心境になる確率は皆無だろう。人間味のないやり方にはすぐに限界がきて、ビジネスにも暗い影を落とす。

人間性豊か、または余裕のある人は自分を省みた上で周辺へ目を向ける。

「私はどこか間違っていたのではないか」

「自分が無神経なのかもしれない」

さらに、周辺の最新動向をさりげなく見て、助言はタイミングを見計らって理解・納得・合意できる内容で露出する。これを貫徹できてこそ、信頼を集める表現者になれる。

人の話をじっくり聞くことは、気配りだけではなく、円滑なクレーム対応にも必要だ。

しかし、他人の話を受け流してしまう人も多い。話を聞かない理由は2つある。まず、聞く習慣がないこと。勉強ができない小学生はたいてい、授業をきちんと聞いていない。成績が悪い子どもは、教科書のどこをやっているのかがわかっていない。「ここまではやったかもしれないけれど、ここはどうだったか……」などと言う。

「聞く習慣」は、子どもの頃に醸成されるものだ。これは、反抗期で親の言うことを聞かないこととは違う。親に逆らう子どもは、親の話は聞いている。その上で従わないのだ。

だが、人の話を聞かない子どもは、文字どおり聞いていない。言われていることは右から左へ抜けていってしまう。そういう子どもに限って、ノートも取らない。それでも、小学校時代は先生が「ノートに書きなさい」と言うからまだいい。だが、中学校や高校では、先生はわざわざ指示しない。そのため、ずっと人の話を聞く習慣を持たないまま成長してしまうから怖い。

そういう子どもが大人になると、どうなるか。大人のつき合いとして、相手の話に「はい、はい」と相槌《あいづち》こそ打つが、実は話はよく聞いていないのだ。中には、相手にさんざんしゃべらせておいてから、「何の話だっけ?」と言う人までいる。こういった人は、相手の話を聞かずに、次に自分がしゃべることを考えている。自分が話すことを優先しているわけだが、しゃべりたがる習慣を捨てないと、対応術はまず身につかない。切り返しは、相手の発言があってこそのものだ。相手の話を聞かずに自分が話すことばかり考えている人は、相手の言ったことに切り返そうとしても、的がずれているから効果がない。また、ずれていると話が長くなりがちだから、相手から途中で打ち切られてしまうこともある。

過日、国会中継を見ていたら、ある議員は10分の質問時間のうち、約7分間も「総理大臣は素晴らしい。内閣を支えていきます」などと、自分の話で使っていた。テレビに映っているからと、自分のパフォーマンスの場だと思っているのかもしれないが、そもそもは質問して答えを引き出すのが目的の場。こんな人は、切り返しの技術など磨けるはずはないと思う。

私は、記者時代に取材で相手の話を徹底的に聞くことを仕込まれた。記者は、自分がベラベラしゃべっていては仕事にならない。相手の話を引き出すのが仕事だから、話していることをよく聞いて、わからないことは質問する。記者を経験して、この姿勢が身についたし、これが原点になっている。だが、社会人の多くは人の話を聞くことを訓練する場を与えられていない。

いくら子どもの頃の習慣によって培われるものであっても、それを変えることは不可能ではないし、変える必要もある。自分の話をしたがる人は、一拍おいて我慢すること。つまり、自分の欲求を満たそうとする考えは捨てる。会話は、一方だけが話すものではない。それなのに、いつの間にか自分が主役になってしまう。そういう人の多くは話が面白くないし、同じ話を繰り返してしまいがち。これらが改善されないと、切り返しはうまくできない。それどころか、逆に切り返されてしまう。よく、「相手を尊重しなさい」と言われるが、それならまず相手に話をさせるほうが得策。聞く習慣を持つためには、そこをスタート地点とするべきだ。

相手の話を聞いていると、わからないことが出てくる。だが、相手が持っている知識や経験した分野は自分と異なるのだから、当然のことだ。わからないことがあれば、「それはどういうこと？」と質問すればいい。わかったふりをして「うん、うん」と言っているよりはずっとマシだ。ところが、「言っていることがわからない」と頭の中が真っ白になって、黙ってしまう人がいる。

クレーム対応でも、相手にまくし立てられると何も言えなくなってしまうことは少なくない。相手に動じてしまう理由の1つは、「どなられたから怖い」「身に危険が及ぶのではないか」「クレーム対応をしくじったら、上司に怒られそうだ」などの心理的圧迫によるものだ。動じなくなるには場数を踏むことが必要だが、それは前の章でも述べたように、相手にどなられても感覚が麻痺《まひ》して動じなくなるだけで、切り返しの技術が磨かれるわけではない。

本当に怖いのは相手にどなられることではなく、クレームをいいかげんに扱って、火種を大きくすること。相手が「バカ野郎!」とどなったとしても、電話に出た相手へ言っているのではなく、起こった問題に対して放っているのだ。だから、こういったことは聞かないで右から左へ流してしまえばいい。聞くことは大切だが、脅しのような言葉まで聞く必要はない。プライドを傷つけられるようなひどいことを言われるかもしれないが、それへ敏感に反応するから動じてしまうのだ。あたふたしてしまうと、「こいつは御しやすい」と相手の思うつぼにはまってしまう。聞くべきことと、聞かなくていいことをはっきりと線引きするのをポイントとして挙げておく。

「人の話は全部聞きなさい」「じっくり聞きなさい」と言われる。それは間違ってはいないし、話を聞かないのは最もいけないことだ。だが、「聞く強度」を考えるのは大切。深く聞くこと、中程度に聞くこと、浅く聞くことなど、強弱をつけないと動じてしまうし、疲れてしまう。

聞かない人と慌てる人に共通しているのは、緊張しない、もしくは緊張しすぎることだ。落語家の立川談志師匠はしょっちゅう、「緊張しないやつはバカだ。緊張しすぎてしくじるやつはもっとバカだ」と話している。緊張しない人はどこか緩んでいるし、緊張しすぎると張りっ放しで逆効果だ。それを言い表すと、「『動かざる姿勢』なら、押されても突かれてもビクともしない」「『動けざる姿勢』は、体に無駄な力が入って、本人が動こうと思っても動けない状態」（『打撃の神髄　榎本喜八伝』松井浩著・講談社）。「動かざる姿勢」は自然体だが、「動けざる姿勢」は、動きが完全にゼロになるので対応できない状態を示す。

クレーム対応がうまい人は「動かざる姿勢」の人。揺らいでいるから、いかようにも対応できる。逆に「動けざる姿勢」の人は不動の姿勢であるため、思わぬところから力が加わると倒れてしまう。これがクレーム対応の下手な人だ。

自分の性格や特徴を活かした表現方法で圧する

切り返しの目的は相手の攻めに対して防御し、跳ね返す手法だが、いくつかポイントがある。まず、相手を傷つけない、愚弄《ぐろう》しない、バカにしないことだ。特にクレーム対応の場合、相手はこちらのフレーズへ敏感に反応するので、言葉じりを捉えられて二次〜三次災害になりがちだ。「そんな些細《ささい》なことで……」などと言ってしまえば、こちらに悪気がなかったとしても火に油を注いでしまう。

2つ目は、毅然《きぜん》とした態度を取ること。だが、事務・機械的な口調になると、「マニュアルを見て答えているだろう」と勘繰られる。毅然とした態度とは、言葉が流麗であることや難しい言葉を使うことではない。おどおどしないことだ。

3つ目はユーモアに包む工夫。そうすると、相手も怒るに怒れなくなるからだ。竹下登元首相は、岸信介さんが首相の時に秘書官をやっていた。ある時、岸さんは竹下さんに「最近、物忘れがひどくなってきたんだ。1日のうちに同じことを何回も言うようだったら、ずばり指摘してくれ」と話した。すると、竹下さんは「さっそくですが、この話はすでに4回目です」と切り返したという。これなら、岸さんも怒ったり傷ついたりすることはなかっただろう。

この3つが切り返しの基本だが、これらを表現する時、自分の持ち味を活かしたほうがよい。マニュアルをバカにする人がよくいる。これは学校の教科書と同じで、基礎を身につけるためのものだ。前の章で「マニュアルを検証する必要がある」と書いたが、それを理解した上で、時代に応じたものかどうかを確かめるのが重要であって、無視していいものではない。クレーム対応の基本ルールを学ぶためには、欠いてはならないものなのだ。

ただ、基本以上のものは身につかないと思う。基本の上には、自分で足していかなければならない。その上積み部分も、人と同じことをしていては独自性が低く、マニュアルとたいして違いがない。本来の上積みにはならない。野球で例えれば、誰しもバットの持ち方や振り方などの基本を覚える。だが、そのあとは自分に合ったバッティングの構え、打法などを自分で考えていく。イチロー選手が素晴らしい選手であっても、他の人が彼の打法をまねてはヒットを出しつづけられないだろう。世界のホームラン王である王貞治さんの一本足打法も同じ。クレーム対応や切り返しでも、自分の特質にあった表現方法を見つけるべきだと思う。

「こうやるのが自分にいちばん合っていて、結果を出すことができる」ものを他人は教えてくれない。では、自分の特性を洗い出すためには、自己分析すればいいのだろうか？

学生の就職活動の時、キャリアコンサルタントなどが「自分に合った職業を見つけるために自己分析が必要」だと話している。自己分析とは過去の自分をひもといて、何が好きだったか、興味があったものは何かを考えてみることらしい。だが、子どもの頃に電車が好きだったから電鉄会社を目指せばいいのか、旅行が好きだから旅行代理店の仕事に就けばうまくいくのか。そんな単純なものではない。22～23歳の学生が、物心ついた頃から今までの十数年を振り返って仕事を決めるなどありえない。

一部のコンサルタントは、「自分磨き」や「自己プロデュース」の時にも自己分析が必要だと主張する。しかし、自己分析は評価と同じだ。自分でやるものではなく、他人がすること。「あなたの性格は?」と聞かれた時に、正しく答えられるだろうか。短所は自分が思っていることと、他人の見方と一致することも多い。だが、長所はほとんど外れるはずだ。自分が長所だと考えていても、他人はそうは捉えていないことはよくある。つまり、他人の評価が往々にして正しいことを意味する。

子どもの頃は、親や先生が「お前は短気だから、もう少し抑えなさい」「もっと積極的になりなさい」などと注意してくれたものだが、大人になるとほとんど言われなくなる。あえて波風を立ててまで言いたくはないからだ。だが、まれに苦言を呈してくれる人がいる。それを聞き逃さないことが大切。「人の話を聞く」ことにも通じるが、自分にとってありがたくない話でもしっかり聞く姿勢によって、自分を少しでも客観的に見ることができるようになる。

クレーム対応も、自己分析と同じことが言える。「自分はうまくいった」と思っていても、周囲の人は「それじゃ、ダメだ」と批判するかもしれない。そうだとすれば、そのやり取りは単なる自己満足に過ぎず、対応術としては失敗ということになる。逆に、自分では失敗したと思っていても、周囲が「うまくやったな」と言えば、その評価の方が正しい。

切り返しにも共通点が多い。普段ずけずけものを言う人が切り返す場合、周囲の人は「あの人はいつもは言葉がキツイから、切り返しの時にはすこし優しく言ったほうが効果あり」と考えているとしたら、それは高い確率で当たっている。その人が「俺は、ずけずけ言って相手をねじ伏せているから、上積み部分も力で圧倒する方法でいこう」と過信したら、その時点で失敗である。力で相手をねじ伏せていた人が急に優しくなると、相手は「不気味だ」と思うからだ。

大人になると我が強くなり、自分のやっていることは正しいと思いがちだ。もちろん、大人なのに自分の行動に自信がなければ問題だが、それは何に裏付けられているものなのかが問題になる。立証できるものがなければ、ただの思い上がりや勘違いに過ぎない。周囲の意見に注意深く耳を傾けながら、自分独自の方法を作り出す――簡単なことではないが、まず上積みになる手法を自分なりに考えて、それを検証してみるといいだろう。相手の反応を見ることで「この手法は使える」「これはダメだ」と判断できるのだから、実際に使ってみることが重要だ。

切り返しの手法を試した時、うまくいく場合とそうでない場合が当然ある。うまくいった時は、会話が円滑になる、雰囲気が良くなる、盛り上がるなどの状況変化が考えられる。切り返しもクレーム対応同様、成功・失敗の理由がある。だが、これは杓子《しゃくし》定規なものではない。相手や状況などによって反応が違ってくる。だからこそ、試してみなければならない。

プロ野球・東北楽天ゴールデンイーグルスの監督、野村克也さんの著書『ああ、監督』（角川oneテーマ21）の中に、「準備するからこそ判断を誤ることが少なく、集中力が持続できる」の一文がある。これを切り返しに関して言い換えれば、「自ら作った経験の数々があるからこそ、的確な切り返しができる。しかも判断を間違えない」となるだろう。

また、いくら盛り上げるのが目的だとしても、下ネタを連発したり悪口を言うと、すべってしまう。あるところで、こんなゲームをやってみた。参加者をグループに分けて会話してもらうのだが、カタカナ言葉と下ネタと悪口は禁止するのだ。すると途端に会話がなくなってしまう。これで、いかに上積み部分が少ないかがわかる。

上積み部分とは、いろいろなものの集積。経験だけではなく、自己訓練や他人の評価・分析を基にした自己改革など、さまざまな要素の集合体だ。それが少ないから、下ネタや悪口、カタカナ言葉に頼ってしまう。悪口を言うのは楽だし、ストレスもある程度発散できるから便利なのだが、ストレスを発散されたほうはいい迷惑だ。

現在のビジネス人は、基礎体力が欠如していると評されることが多い。基礎体力がなければ、上積み部分を足すことは不可能だ。だが、そこがプラスされないと、切り返しをはじめとする言語能力や、そこから派生する会話力や交渉力、プレゼン能力は伸びるわけがない。だから、「よろしくお願いします」「ありがとうございました」しか言えない人も増えたと認識している。

よく「自分の言葉で伝えましょう」と言われるが、それに対して私は「誰でも自分の言葉で話しているはずなのに、何でこんなことを言うのだろう」と違和感を持っていた。これを理解したのは、フジテレビの「笑っていいとも！」に出演してからだ。タレントも同じで、言語能力がない人は「よろしくお願いします」しか言えないが、言語能力が高い人は自分の表現方法で、かつ同じことでも加工して話すのだ。加工とは、相手に伝わりやすくする、面白くするなどいろいろな目的がある。それが、自分の言葉で伝えることだ。

相手をそらさない表現者になることが今後のカギ

他人へ情報や物事を伝えるには、「話す」「書く」の方法があるが、文章では伝えたいことのうち3割しか相手に届かない——本を書いている私ですらそう感じるのだから、文章を書き慣れていない人ならなおさら。だから、話すことによって表現する術《すべ》を磨く必要があるのだ。

前述した野村克也さんの『ああ、監督』には、次のようなことが書かれている。「一流選手であればあるほど、感覚で理解し、プレイできてしまうので、言葉など必要としない」。つまり、サラリーマンを20〜30年と続けている人は、その経験値で相手と対話してしまいがちなので、十分で正確な言語を必要としなくなるのだ。それで相手を理解・納得・合意させられると思い込んでいるから、「俺もこうやってきた」などの不十分な言語で何とかなった。上司からそう言われた若い社員もそれでいいと思ってしまうので、不十分な表現がどんどん広まっていく。それがトラブルを招いてしまう原因となっているのだ。

私は、学生の時からマスコミを志望していたので一時期、マスコミ塾へ行っていた。毎日新聞の記者だった山崎宗次さんの作文の授業に2〜3回出たことがあった。山崎さんは書籍『カンカラ作文術』を出していた。その中では「文章のコツは『カンカラコモデケア』」だと説いている。「カン」は感動。文章の原点は筆者の感動だ。「カラ」はカラフルのことで、文章を鮮やかに彩る。「コ」は今日性で、今どきの話題が必要だということ。「モ」は物語性。物語仕立てで書くことだ。「デ」はデータ。データで裏付けて説得力を出す。「ケ」は決意。あからさまに宣言するのではなく、思いを表現の中ににじませるのがコツ。「ア」は明るさで、じめじめした文章はよくない。こういったことを主旨として書かれた本だ。

これは文章に限らず、まさに表現する上での要諦《ようてい》だと思うし、切り返しはこれがすべてそろっていないとうまくいかない。私が思う「感動」とは、相手が「見事だね」「さすがだね」と思うことである。「何を言っているの?」と指摘されるものはよい表現ではない。「文章を鮮やかに彩る」は切り返しする時に相手の言葉を繰り返すだけではなく、ひとひねりすること。「お前はバカだね」と言われたら「はい、バカです」と答えては、うまい切り返しと言えるはずもない。「今日性」は、文字どおり時代に合った表現である。時々「あたり前田のクラッカー」や「とんでもはっぷん」など古いギャグを使う人がいるが、若い人はそんな言葉を知らない。場を壊すだけの自殺行為だ。

それまでの話とまったく関係ないことを口走る人がいるが、そこに物語性はない。「データ性」における説得力とは相手に「面白いね」だけではなく、「なるほど」と思わせること。「決意」は押しつけない。そして、「明るさ」はじめじめした表現を使わない。切り返しで下ネタや悪口を使うと、じめじめするだけではなく、相手が不快に思うことも多い。もし「キミの言っていることは、あのダメ部長と同じだね」などと言われたら、誰もいい気分にはなれないだろう。

「劇場型」演出の妙を切り返しへ存分に活かす

「褒め殺し」「泣き落とし」などの演技やヨイショは、あまりやりすぎると人格を疑われるし、「何か裏があるのでは……?」と相手を疑心暗鬼にさせてしまう。だが、多少の演技・ヨイショが身を救うことも確かだ。政治家の土下座も演技の手法の1つ。ただし、あれは「本当はやりたくないけれど、仕方ないからやっている」のが見え見えだから効果は低い。会社で上司などに追いつめられると泣き出す女性社員がいるが、これも演技だとわかってしまうことが多い。やっていることが作為的かそうでないかは、すぐに伝わってしまうものだ。

褒め殺しや泣き落としには、そこまで過剰な演技は必要ない。褒め殺しなら、「○○さんともあろう方がそんなことをおっしゃるなんて……」と言い放つだけでも、相手はいい気分になる。泣き落としも、「何とかお願いしますよ」とすがりついてくる相手を冷たく突き放すことはしづらいから、多少なら効果があるだろう。

また、相手の言っていることを静かに聞いている時に、理不尽なことを口にされたら、1回だけ少し強い口調で「それは違うと思います」「それはできません」「賛同できません」などと返したら、たぶん相手は引くだろう。これは逆ギレではなく、切り返しの手法の1つだ。多少の演技やヨイショだけではなく、多少の反抗も身を救うかもしれない。

元総理の小泉純一郎さんは、3つの演出方法を持っていた。それは「絶叫」「棒読み」「はぐらかす」で、これらを巧みに組み合わせていた。この手法で「迫力があって、軸がぶれない人」のイメージも作られ、小泉さんの言っていることは正しく聞こえた。総理でなくなってからは、いろいろなことがやりっ放しだったとわかったのだが、あの当時は、多くの国民が「改革」「自民党をぶっ壊す」「郵政民営化」など必ず実現してくれると信じていたのだ。

郵政民営化をめぐって解散総選挙まで行われたが、よく考えてみると、国民にとっては民営化よりも減税してもらったほうがずっとありがたい。地方の人は、「民営化によって郵便局が減ると、手紙が届かなくなるかもしれないし、不便になる」と危惧《きぐ》していたが、都市部に住む人にとっては大きな問題ではなかった。だが、小泉さんにとって郵政民営化は悲願であり、「行政改革の本丸」と主張した。そして、その巧みな演出で、多くの人が「郵政民営化はやらなければならない」「これはすごいことだ」と思い込んでしまったふしがある。もしかしたら、小泉さんは民営化で歴史に名を残そうとしたのかもしれないが、国鉄が民営化した当時の総理大臣が誰だったのか覚えている人は少ない。同様に、郵政民営化も国民にとっては今思い返せば、さほどの一大事ではなかったように思う。

小泉さんのやり方には賛否両論あるだろう。賛成の立場から考えると、いつの間にか他人を自分の考え方に合意させてしまう力。悪い言葉で言えば、人の丸めこみ方が秀逸だ。この力と勢いで、彼の主張は正しいとみんなが思ってしまったのだ。否定的な面は、後で化けの皮がはがれてしまったこと。つまり、彼の主張は一時しのぎ的な論理に過ぎなかった。

切り返しで一時しのぎをすると、まず自分の首を絞める。クレームをつけてきた取引先の会社で泣き落としをしたら、相手が「そんなに謝るのならわかったよ。今回のことは不問に付すから」と言ってくれた。しかし、その会社を出る時に「よし、うまくいった」と笑顔になったところを相手に見られたとしたら、元も子もない。

ここで説明している演技は、一時しのぎで相手をごまかすものではない。褒め殺しも泣き落としも、その場においてそれが適切か否かを判断基準にしている。トラブルが起こっていたら、しこりを残さないように解決するのが一番の目標だ。うそをついてバレたとしたら、しこりが残る。だから、切り返しにおける演技は、自分の経験や技術に裏打ちされたものがとっさに出てこなければうまくいかない。道を歩いていて他人と肩がぶつかったら、即座に「すみません」と謝ることができるような条件反射、瞬時的な判断が求められるのだ。一瞬で「これは大変なことをした」と状況を把握し、すぐに謝罪できる人が、相手に不快感を与えずに切り返しの演技をやれる。謝罪もせずに、ぐずぐずと言い逃れや講釈をたれている人は、こうしたテクニックを習得できないし、向上しない。

いい意味での「一言多い人」になることが得策

人とのやり取りの中で一言足りないと、物事が不完全にしか伝わらないので、お互いに勝手な解釈をしてしまう。そこから曲解や拡大解釈が生じ、トラブルになりやすい。逆に、言わなくてもいいことを口に出してしまう、悪い意味で一言多い人もいる。「それを言わなければ、丸く収まったのに」となるケースも多い。

ここで取り上げるのは、いい意味で一言多くして、トラブルを解決する手法だ。仮に、「皿を買ったのだが、包みを開けてみたら割れていた。取り替えてほしい」のクレームが来たとしよう。それに対して「お取り換えしますので、こういう方法で……」と答えても間違いではない。だがよりよい方法は、そこで相手との共感を作り出すこと。「私も以前、せっかく買ったグラスが割れていて、とても残念だったことがあります。お客様の気持ちはよくわかります」と言うのだ。ただし、うそをつくと相手にわかってしまう場合があるので、あくまで同じような経験、共通する話題があった場合だ。

これは知人から聞いた話だが、広告代理店の女性社員がプレゼンテーションをした。相手は20人くらいいたのだが、彼女はあがってしまい、自分でも何を話しているのかわからなくなるほどガチガチだったそうだ。すると、プレゼン先の会社の人が「緊張しないで、ゆっくりやっていいですよ」と言ってくれた。普通はそういう言葉をかけられたら「ありがとうございます」とお礼を言うだろうが、彼女はその時に閃《ひらめ》いて、「すっかりあがってしまいまして……。みなさん、私の心臓の音がうるさくなかったですか?」と聞いたそうだ。みんなが大笑いして場が和んだために、彼女は相変わらずしどろもどろながらも、問題なくプレゼンを終えられた。これも、いい意味で一言多かったために、共感を作り出すことができた例だ。

共感とは、離れたところにあった円を近づけて接点を作り、さらにもっと近づけて交わる部分を作ることと同じだ。それによって、ビジネスが成立したり、クレーム対応が円滑にできる。「膝《ひざ》詰め談判」とはこの状況を表している。

共感を持ってもらうことは、共通項を見いだすことだとも言える。よく「どこの生まれですか？」「長野県の出身です」「えっ、私もです。長野のどこですか？」と盛り上がることがある。これが共通項を見つけること。これによって、相手との距離が縮まる。初対面の人とは、なかなか会話が進まない。ほとんどの人は、10分以上話すことはできないのではないか。私が記者をしていた時代には記者会見後、ホテルで立食パーティがよく開かれていた。ところが、多くの人は同じ会社の仲間同士で固まってしまう。ああいったパーティは本来、いろいろな人と名刺交換をして交流する場なのに、「よろしくお願いします」で終わり。それ以上、会話が続かないのだ。名刺を見た上で相手が雑誌記者だとわかったら、「あの雑誌、この間拝見しましたよ」と言うだけでも、共通項が生まれるのだが……。また、「挨拶《あいさつ》は向こうからしてくるもの」の意識を持っている人もいるようだ。だから、自分から知らない人と積極的に話そうとしない。

共通項が見つかると、言語のインパクトが違ってくる。誰しも知らない人にずけずけ言われるよりは、多少なりとも知っている人から言われるほうがまだよいと思うだろう。以前、テレビ番組の企画で「一般視聴者は、何人介せばお笑い芸人の明石家さんまさんにたどり着くか」をやっていた。その視聴者は以前、大阪に住んでいて、その近くに吉本興業の芸人が集まる店があった。そこからたどっていくと、わずか10人でさんまさんまで行き着いた。その人も、最初は「たどり着けるはずがない」と考えたはずだ。だが、探せばかなり高い確率で共通項が見つけられると思う。

日本のブームの根源も、多くは共通項にある。誰かが「あれはいい」「面白い」と言うと、みんなが「本当にいい」と共感してブームが起こる。こういった傾向が強いから、クレーム対応にもそれを利用することを推す。

ゆとりを持つために「悩みで悩まない15のルール」

表現力を豊かにするためには、ゆとりがなければできない。ゆとりがあれば、インプットとアウトプットができ、技術を磨くことができるからだ。ゆとりとは、時間的なこと、金銭的なことを指しているのではない。物事を受け入れたり発信する余力のことだ。

追いつめられてあせってしまうと、ゆとりがなくなる。最悪の場合には、悪事に手を染める危険性もある。商売がうまくいかなかったり、お金がなくなればこのような状態になるから、「お金がなければゆとりがない」も一理はある。だが、「お金がないから悪いことをしていい」の理屈は成り立たないし、「お金を持っている人はゆとりがある」とは言い切れない。逆に、お金がなくてもゆとりがある人もいるだろう。

ひとつ確かなのは、ゆとりがある人は無駄な時間を使っていないことだ。無駄とは生産性がないこと。「忙しい、忙しい」と騒いでいるのに、商売がうまくいっていない人がいるが、それは生産性が低いからだと思う。この生産性の考え方はビジネスだけではなく、日常生活全般に当てはめることができる。

しつこい電話セールスに30分も時間を使いたくないと誰でも思う。つまり、生産性を軸に考えて、行動する人がゆとりのある人だと言える。生産性を重視しない人は当然無駄が多いが、彼らはそれを無駄だとはあまり認識していない。だから「忙しい」を連発するわりに結果が伴っていない。

ゆとりのある人はストレスが少ない。逆に、ストレスが少ないからゆとりがあるとも言える。過度のストレスによって無意味な時間を過ごすことは、生産性の低下につながるのだ。イライラしている状態で、神経を配るクレーム対応などできるわけがないと私は確信している。心を安定させる環境設定として、有力経営者や著名人からも聴いた「悩みで悩まないルール15」をここで公開する。これを活用して、少しでも生産性の高い生活、ゆとりのある生活を送ってほしい。

①悩みは最初に戻れ

悩みとは恐怖と同じで想像だけが膨らみ、どんどん肥大化し、冷静な判断が失われるもの。「どうすればいいのだ」「この先どうなってしまうのか」と悩みつづけ、解決策は生まれずに時間だけが過ぎていく。しかし、ほとんどの悩みの原因は、失敗をしたか誤解を招いたかのどちらかだろう。その場合、解決の手段も2つしかない。謝罪と弁明だ。にもかかわらず、悩みの根本的な原因を追究し、早期解決を怠るために、事が大きくなってしまう。

先日、私の知り合いの企業・広報担当者（40歳代後半）がミスをした。デザイナー名の記載を忘れたまま、マスコミ発表してしまった。先にミスに気づいたデザイナーは、広報へ抗議の電話を入れた。すると「『署名を入れる』と書いてある契約書を破棄させていただけますか」と発言。デザイナーをこの上なく激怒させた。恐怖のあまり適切な判断ができずに出てしまった言葉だったようだが、納得を得られるはずがない。それどころか、さらに怒りを増幅させてしまった。結局、彼の力で事を収めることができず、上司が謝罪に出向いたから間抜けな話だ。

広報担当者が先に気が付いていれば、自ら謝罪に出向いただろう。しかし、そうではなかったとは言え、すぐに詫《わ》びなかったのは致命的なミス。その後、彼は「上司もきっと怒っている」「僕はこの会社でどうなってしまうんだろう」と不安感にさいなまれつづけたと振り返る。トラブルが発生したら、その時点で最初に戻って悩みの原因を追究し、謝罪か弁明に出向けば、物事はシンプルに解決する。先延ばしにすればするほど、相手の怒りやイライラは高じ、収拾がつかなくなるものだ。物事は考えるだけで解決できるものではない。

②戻ったら、徹底的に追いつめろ

悩みを最初に戻したら、徹底的に原因を突きつめなければならない。なぜなら、それを解明しなければ何度も同じ失敗を繰り返すからだ。先の広報担当者もそうだが、いつもミスを繰り返している。それに対して悩んだり落ち込んだりはしているようだが、根本的な理由を自分で考えていないのが、失敗を繰り返す原因となっている。

デザイナーの署名を落とすミスをした時に考えなければいけないのは、「どうしよう、怒られる」と悩むことではなく、「どうしてこのようなミスをしてしまったんだろう」と省みる点。そうすれば自然に答えは出てくるはずだ。「スケジュール管理が甘く、どたばたでやってしまった」が原因であれば、「今後はそうしない」の結論が出る。このような建設的な考え方ができないから、同じような失敗を繰り返すのだ。失敗から学べなければ、同時に成功もしない。

失敗にはいろいろなパターンがあるが、実はすべてに共通因子があると考えられる。たとえば、いつも恋人に振られてしまうと悩んでいる人たちがいる。彼らは毎回「どうしてだろう」と考えるのではなく「つらい、悲しい、さびしい」と悩んでいるだけで、悲しみが癒《い》やされるとまた新しい恋人を作る。こんなことを繰り返すよりも先に、「なぜ自分は相手から別れを切り出されるのか」の理由を考えるべき。一見、すべての恋愛パターンは違ったものに思うかもしれないが、相手が代わっているだけで必ず共通した原因があるものだ。そこを追求しないかぎり、これからもずっと振られつづけるだろう。

自分で自分を追い込み、原因を追究するのは愉快ではないしつらい。しかしこれを実践しなければ、解決策が生まれない。特に悩みがストレスの原因ならなおさらだ。精神力を鍛えることにもつながるのだから、自分から目をそむけずに実行してもらいたい。

③死んだ気で考える必要はない

よく「死ぬ気でやれば何でもできる」と言う人がいるが、この表現はとてもナンセンスに思う。生きるためにすることになぜ「死」の言葉を使うのか。これから頑張ろうとしている人に対して使う言葉でもないし、ストレスを抱えて精神が不安定になっている人には特にタブーだ。モチベーションを上げるどころか、やる気を萎《な》えさせる。使う側にとっては恐らく「人生で最もつらく苦しいのは死ぬことだから、それを考えたら頑張れるだろう」の意味なのだろうが、私なら「余計なことを考えず、がむしゃらに頑張りなさい」と言い換える。

これは、「悩みの原因を徹底的に追いつめろ」と同じ理屈。自分の現状を直視するのはつらいが、自分をプラスに追い込まなければ、問題の解決にはならない。たとえば、営業成績が上がらず上司から日々怒られているなら、まずその原因を追究する。大抵が営業に行っていない、出向く件数が少ないのが原因だろう。それならひたすら頑張ってみるのだ。朝から晩まで1件でも多く営業に回り、それを1カ月毎日続けてみる。それでも結果が出なければ、そこでまた原因を考える。今度はもっと確率の高い相手に絞ってみる。それでもだめなら、自分には営業職が向いていないと判断できる。

ただ悩んでいるだけでは、自分に合った職種なのか否かも判断できず、毎日をモヤモヤしたまま過ごすだけ。「案ずるより産むが易《やす》し」――。一度「死ぬ気でやる」のではなく「がむしゃらに頑張る」を実行すれば、悩みも忘れて集中できる。

④他人と比べるな

人は他人の目を気にするものだ。私だってまったく気にならないわけではない。しかし、「あの人がこうだから自分もこうだ」「あの人がこうなのに自分はこうだ」などと考えるのはまったく無意味である。このように他人と比べて自分を計ると目標が日によって変わり、本来の進むべき道を見失うことになる。

小学生がバレンタインデーのチョコレートの数を比べることと同じだ。A君は10個もらったけど、自分は6個しかもらえなかった。確かにA君の数の方が多いが、問題は本命の子からもらえたかどうか。本来の目的からずれている。他人の成績や行いを目標にするならいいが、自分と同じくらいもしくはそれより下の人間と比べた瞬間に、無意味な上下関係が生じる。これは、他人に振り回され、生かされているのと同じだ。ライバルとして共に努力するならまだしも、他人を気にしすぎるメリットは何ひとつない。

仮に運命共同体が存在するのなら、他人と共に人生を歩むのもいいだろう。しかしそんな存在はほぼありえない。他人を気にする目的は、優越感の獲得だけだ。営業マンが５人しかいない会社でトップの成績を収めたとする。しかし有頂天のまま転職をし、15人の営業マンがいる会社に所属。以前の会社と同じ件数を取れているのに、現在の会社では最下位。こうなった時、その人の目的は優越感と共に失われ、同時にとてつもないストレスに見舞われるだろう。

他人に勝つこと。それは悪いことではないが、だから何だ。自ら他人に振り回される人生など、無意味で得るものは皆無。自分の生き方・考え方の軸を保つためにも、他人と比べる人生は避けたい。

⑤肉親へ相談するな

相談をするのは、愚痴をこぼすのとは違う。愚痴は言って収まりがちだが、相談は解決へ導くのが目的だ。悩みを抱えて解決の糸口を求めたとき、誰に相談をするべきか。それは、苦言を呈してくれる人だ。子を常に案ずる親に話をしても、「大丈夫、そんな心配する必要はない」などと、なかなか厳しい意見は言ってくれないだろう。これでは一時的な気休めになったとしても、問題の解決には結びつかず、現実性が希薄になる。また、親孝行の意味でもあまり親には相談すべきではないだろう。

悩みを相談する相手は、最も話をしやすい年長の人が理想だ。それが飲み屋のマスターでも、上司でも誰でもいい。親身になって話を聞いてくれ、時には苦言を呈してくれる人だ。相談をする相手を間違えると、ただの傷のなめ合いになってしまう。また、同僚同士の愚痴の言い合いも気晴らしになるだけで解決には結びつかない。

解決策によっては、家族の協力が必要になることがある。ここで初めて、悩んでいた事実と自分が決めた解決策を報告すれば、肉親も安心する。相手をしっかり見極め、自ら厳しい意見を求めるようにするべきだ。

⑥肉体に実は変化なし

ストレスがたまっていたり悩みを抱えている時、何となく身体にだるさを感じる。心身は表裏一体であるから、神経の疲れが肉体の疲労につながることはありうる。しかしこの状態を必要以上に悩み、「自分は病気を患っているのかもしれない」と決め付ける必要はないかもしれない。単なる「思い込み」かもしれないからだ。絶対に病気ではないと言いたいのではなく、物事がマイナスの方向に向かっていると、すべてが悪い方に行くものだ。そうなると人は、被害妄想に陥りやすくなり、何となくだるさを感じる。

だるいと何もしたくなくなる。言い換えれば、重要なことも億劫《おっくう》になる。この悪循環を阻止するには、「寝る」のが得策だと思う。だるさを感じるのは、身体を「休めなさい」

のサインかもしれない。こんな時は良からぬ想像をめぐらせていないで、「ちょっと神経が疲れているから身体もシャキッとしないんだ」程度に考え、横になるべきだ。

休むことが罪悪と思っている人が多いようだが、私は身体をきちんと休ませることも仕事のひとつだと思っている。寝ること、横になることはぐうたらと思われがちだが、最も人に迷惑をかけないリラックス方法ではないか。会社勤めの人は「個人事業主とは違ってそんなことできない」と言うだろう。確かに勤務時間中に身体を休めるのは難しいかもしれないが、では、無駄に飲みに行くのはどうか。上司の誘いを断れず、また同僚と愚痴ばかりの飲み会など、この不毛な時間を減らすことはできるはずだ。

飲みすぎて二日酔いになり、体がつらい。翌朝、目覚めてからすでに後悔や罪悪を感じて、一日がそのままスタートする。仕事を終え、疲れた身体にムチを打ち、また酒を飲む。これを一週間続ければ、体調を壊して当然。ストレス発散をしているつもりかもしれないが、実は余計にため込んでいることを自覚しよう。また、「ちょっと疲れているので、今日は帰ります」と断る勇気を持ってほしい。これができなければ、本当の病気になる日も近くなる。

⑦悩みを書かずに話せ

自分の悩みを書くと気分が落ち込み、あっという間に絶望的になる。現状を正確に把握・判断するために問題や課題を浮かび上がらせるのは有効だが、ただ書き連ねてもあまり意味がない。しかし、悩みは話せば楽になることが多い。話すには相手が必要だが、誰でもいいというわけではない。信頼できる相手、専門医など自分のことを知らない人にぶちまけるのもひとつの手段だろう。いずれにしても、自分を出力すると楽になる。言いたいこと、言わなければならないことを放出しないでいることは、余計にストレスをためるからだ。

人がなぜ話をしたいかと言うと、聞いてもらいたいからだ。さらにあわよくば解決策を見いだせるかもしれない期待感もある。それには相手にきちっと伝える整理力が必要だ。自分が何に悩んでいるか、今後どうしたいかなどを正確に話すことで、モヤモヤが整理される。整理されることで解決が早まる。

書くことが悪いとは言わないが、人と会って話ができる状態なのであれば、自分の状況を公開しよう。話してみると、案外大した悩みではなかったりするものだから。

⑧悩みを隠すな、飾るな

「自分には悩みなどない」と断言する人がいる。確かに本当なのかもしれないが、少々考えにくい。恐らく悩みがあることに対して、格好悪いなどの抵抗を感じているから隠すのだろう。また、悩みを飾る人もいる。つまり悲劇のヒーロー、ヒロインタイプだ。悩みを隠す、飾ることにメリットは1つもない。なぜなら解決策が見いだせないからだ。

表面だけを話して肝心な部分を隠していると、解決はどんどん遠のく。たとえば、医者に行って症状をきちんと言わずに隠していたら、治療法は一向に見つからない。病状が悪くなるだけだ。相談された相手とのやり取りもうまくいかない上に、相談している側の気分も楽にならない。また、悩みを飾っている人の話は「大して悩んでいないのではないか」と疑われ、飾っていることを相手に見抜かれる。

自分の悩みを相談したいのに断片的な部分しか話さないのは、相手に失礼。言う必要のない部分まで赤裸々に語る必要はないが、悩みにかかわることはすべて伝えるのが礼儀だ。それをしないと相手の信用を失い、自分にもストレスが残ってしまう。本当に悩みを解決したいのなら、ふさわしい相手を選び、正しい情報を伝えることを心がけよう。

⑨悩みつづける時間を数値化しろ

悩みはストレスと同じで必要悪。まったくないほうが不自然だ。しかし、ありすぎるのもよくない。悩みを抱える人の中に、頭だけで一日中考え続けている人がいる。そうしていても何も解決せず、生み出すものもない。

悩んでいる時間が3時間だった場合、その分を浪費していることになる。毎日悩みつづける3時間に生産性はない。解決しないかぎり、日に日に非生産部分が増えていくだけだ。まずは自分が悩みに費やしている無駄な時間を数値化してみてほしい。人は他人のために費やした時間には敏感だが、いざ自分の時間となると認識できていないものだ。

非生産的な時間をすぐにゼロにすることはできなくても、その一部分を別のことに費やせば、いつの間にか悩みは減ってくる。そして無駄な時間をなくし、解決を急ぐ気になったら、人に話すなどしてアウトプットをする。無駄な時間があればあるほど、余計なことばかり考える。そんなことをしているなら、寝ていたほうがよっぽど生産的なのだから。

⑩同じ悩みの人間に近づくな

誰もが嫌う上司を持つ同僚が、仕事帰りに飲みに行く。出てくる会話はいつも上司の悪口。これは負の連帯意識を強め、怒りが怒りを呼び、酒がきつくなり、帰りが遅くなるの悪循環。さらに二日酔いの頭を抱えて出社すると、変わらずその上司が目に入る。再びイライラし、その夜の〝ネタ〟ができてしまう。

人の悪口ほど楽なものはない。それをネタに、毎晩のように話し合っていても、何も生まれない。これは言わば「傷のなめ合い」「時間の浪費」だ。同じ話題を持った者同士の安心感がこのような状況を生み出すが、実は結論が出ない不毛なやり取りだ。会社での不満やストレスを解消するのなら、異業種の人間と交流を持つのをお勧めする。かと言って、手っ取り早く「異業種交流会」と呼ばれるものに顔を出せばいいというものでもないが、人とのつながりを自ら広げる意識をもっと持つべきではないだろうか。自分とは違う世界で生きている人たちと会えば当然新鮮さを感じ、違った見方ができる。ともすれば自分の考えが改まるかもしれないのだ。

同業種は悩みも似ている。同じストレスを抱えたもの同士が目的なく酒を酌み交わしても、何の発展性もほとんどないことを知ってほしい。

⑪大いに表情に出せ

最近の風潮の1つは、感情を表に出すのは格好悪いと認識されていることだ。怒る、泣く、一生懸命になるなどを我慢するのが、本当に良いことなのだろうか。もちろん感情をコントロールするのは大切だ。しかし、感情を抑え込みすぎると自分に圧迫感を与え、フラストレーションがたまる。

感情を出さないのがビジネスルールとするなら、これはとても気持ちが悪い。ここから生まれるやりづらさが自分を追い込み、ビジネスを停滞させるのではないだろうか。

相手の話に対して、「面白いですね」や「それはどうしてですか」「私はそうは思いません」など同意や疑問、批判を表してこそコミュニケーションだ。ビジネスシーンに限らず、感情を殺す生き方はつらいはず。私は「すぐ熱くなる」などの言葉は、褒め言葉と認識している。人の指摘はあまり気にする必要がなく、「あの人はああいう人だから」と思わせてしまうほうが楽。

良いことは良い、悪いことは悪いと、自分の感情に素直に生きていくことだ。

⑫気分転換に浮かれるな

気分転換は絶対に必要だ。しかし忘れてはいけないのは、問題は解決されていない現実だ。飲酒などの憂さ晴らしは何のためにするのか。「気分転換に記憶がなくなるまで飲んだ」などと言う人がよくいるが、これではまったく意味がない。気分転換が上手な人は、「忘却」のために酒を飲んだりはしない。あくまでも新しい発想で解決策を見いだすためにしているのだ。彼らは悩みを引きずらずに切り替え、リセットが早く、仕事もできる。

勝負に日々追われているスポーツ選手も、切り替えがうまくないとやっていけない。たとえば野球選手。4打席ノーヒットだった時に、「明日も打てないかもしれない……」と考える人と「明日2本打てばいい」と考える人がいる。明らかに後者は切り替えがいい。悪い意味での完璧主義者は、自分をどんどん追いつめ、失敗した時の切り替えが遅い。いつまでもマイナスの方向で引きずっていくのだ。

「ちゃらんぽらん」はあまりよい意味では使われないが、時には必要。考えても埒《らち》が明かないことにひたすら悩んでいては何も進まない。上手に気分転換をし、物事を素早く見極め、気分を切り替えていくように心がけたい。

⑬食べる物をしっかり見ろ

精神が不安定な時、人は自分が食べているものをほとんど把握していない。本来は「これが食べたい」や「おいしい」などの感覚を持ち合わせて食事をするが、人がこのような状況に陥っている時は、ただ「食べている」だけの機械的な行動だ。気にかけていることが別にあり、食べることに意識が行っていない。悩み事を抱えている人が、どうやって帰ってきたか思い出せないのと同じである。

1つの悩みを考えすぎて自分の行動が冷静に見えないのが原因だが、ただ考えていても何も解決しない。悩みを分散させる必要がある。そのためにも、日常感を取り戻すことが必要だ。日常感とは、目の前の食事に対して「おいしそう」「まずい」「もっと食べたい」など、感想を持つものだ。この感覚がないということは、冷静な判断が衰えている証拠。私の知人でうつ病を経験した女性も言っていたが、彼女は食事の時間になっても何を食べていいのかわからず、コンビニで30分間うろうろしていたという。結局、何が食べたいかもわからず、いちばん安いものを選んでいた。

そこで私は、自分の食べる物をきちっと見ることを勧める。きっちり見ることで日常を取り戻すのだ。また、和食は目で楽しむものだ。一品一品見ることで、ゆっくりと食事ができる。これは身体にもいいのだから一石二鳥だ。

忙しい日常だからこそ食事の時間を確保し、正常な日常感を取り戻せば、悩みを分散できる。

⑭ちょっとだけ時間を捨てろ

先に時間の浪費は避けるべきと述べたが、ここでは有意義な時間の捨て方を提案したい。無駄な時間を上限1時間と設定して作ることで、頭を空白にするのだ。このような時間は必要である。これは気分転換に「飲みに行く」や体を休めるために「寝る」とも違い、目的を一切持たない時間だ。

パソコンのゲームや水泳、入浴……なんでもいい。時間を分断して切り替えることができればいい。無目的な時間を持つことで心と身体、脳を休めるのだ。会社勤務の人は困難に思うかもしれないが、天気のいい日に公園のベンチでお弁当を食べたり、ボーッとしたりするのはとても効果的。全体を休めるだけではなく、日光に当たることがプラスされることで相乗効果があるからだ。普段の生活からくる自律神経の失調などは、太陽を浴びることで体内時計が正常に働きだす。どんな手法でもかまわないが、まったく何も考えなくてもいい時間を作って、ストレスから開放されよう。

⑮悲劇を喜劇へ変えろ

悲劇のヒーロー・ヒロインたちは、なぜ「お涙物語」が好きなのか。人に「大丈夫だ」と言われることを目的とするからだろう。言い換えると、いつも自分が主役でいないと気が済まず、自分に降りかかった悲劇や災難を人のせいにしているからだ。失恋したときに「振られた」と嘆く人はたいていい悲劇の演者たちだ。また、過去に起こった嫌なことをいまだに語り継ぐ人もそうだろう。彼らは悲劇を自分で解決してこなかったのだ。

では、悲劇から脱する術を持つ人々はどんなタイプか。自分の身に起きた悲劇を受け止める力がある人たちだ。そこから解決策を見いだし、自分で道を切り開いていくのだ。悲劇のヒーローたちが持ち合わせていない部分。それは問題解決能力と、悲劇を笑い飛ばせるくらいの余裕・度量だろう。彼らは「つらい」「私は大変」と繰り返し、ひねくれて自暴自棄になる。また、1つのことにいちいちあたふたして動揺する。

「ピンチはチャンス」なる言葉がある。私はこのフレーズは間違いだと思っている。ピンチはチャンスではなくて、ピンチでしかないからだ。正しくは「ピンチをチャンスに変える」ではないか。悲劇の人は、自分にチャンスは存在しないと思っている、いや、思いたい。一方、喜劇の人は「ピンチはチャンスに変えるもの」と考えている。

考え方1つで、いくらでも悲劇は喜劇に変えられる。心当たりがある人は、周囲の喜劇の人と自分を見比べて、見習うべき部分を盗むたくましさを備えてほしい。

第5章

つい口をつき、自爆する一言

思わず使ってしまう言葉や口癖を誰しも持っている。その中にはクレーム対応・切り返しで使い、相手をさらに怒らせてしまう要注意の言葉がある。失敗を踏まえ、それらを記録に取って、データベース化している企業も目立ってきた。「何月何日に」「誰から（男性か女性か）」「どんな内容のクレームが来たか」「どのように解決したか」などが主な内容で、「相手の逆鱗《げきりん》に触れたフレーズ」はその有力な項目になっている。

1　すいません

●ありがちなやり取り

居酒屋の店内でお客と店員の会話。

「昨日、この店に来たんだけど、態度の悪い店員がいてさあ」

「それは、すいませんでした」

「『すいません』じゃないよ。注文したものはなかなか出てこないし、やっと持ってきたと思ったら、テーブルの上にガチャンとぞんざいに置くし。店員にいったいどういう教育をしているんだよ」

「すいません」

「一度にたくさんの料理や飲み物を頼んだわけでもないのに、注文は間違えるしさ。ウーロン・ハイって言っているのに、ウーロン茶持ってきたんだよ」

「すいません……」

「『すいません、すいません』って、謝ってばかりだけどさ、俺は、スタッフにどういう教育をしているのかって聞いてるんだよ！」

「本当にすいません。みんな一生懸命やっているんですが……」

「そんなこと、知らないよ。一生懸命やっているんなら、何で間違えたりするんだよ。本当にすまないって思っているんなら、払ったカネの半分くらいは返してもらいたいよ」

「いえ、それは……。上の者とも相談しなければなりませんし」

「だって、さっきから『すいません』って言ってるんだから、自分たちが悪いって思っているんだろう?」

「すいません」

●問題点

そもそも「すいません」なる日本語はない。正しくは「すみません」。たまに「ごめんなさい」と謝罪する人がいるが、子どもがいたずらをして、親に謝っているような言葉。ビジネス上では幼稚な表現だ。交流が深い相手ならいいかもしれないが、初対面の人やクレーム処理の時に使ってはいけない。失敗したこと、トラブルに対して謝るなら「申し訳ございません」が適切だ。

最初に謝ってしまうと、全面的に非を認めたことになる。話が進んでいくうちに、あれこれ言い訳しはじめてしまうと、相手は「最初に謝ったくせに、何で言い逃れするんだよ」と怒りを増幅させる。

時々、電話を保留にする前に「担当者に代わります。すみません」と言う人がいる。このフレーズが口癖になってしまっている人は多い。だが、こちらに少しでも非がある場合は、決して使わないほうがいいフレーズだ。謝罪するのなら「○○については申し訳ございません」「○○についてお詫《わ》びいたします」と言うべき。自分たちに非がある部分は潔く認めるが、そうでないことに関しては、安易に謝罪の言葉を出してはいけない。

2 後日対応します

●ありがちなやり取り

資材メーカーの営業部に電話がかかってきた。

「○○社でございます」

「△△社の購買担当▽▽です。実は、今日の午前中に御社からコネクター（電線と、電線・電気器具とを接続するための電気部品）が納品されるはずだったのですが、昼を過ぎてもまだ届かないんです。どうなっているのでしょうか」

「申し訳ございません。担当は□□なのですが、あいにく明後日まで海外出張でございまして、すぐには連絡が取れません。後日対応させていただきたいのですが……」

「えっ、急いでいるんだけど。電話してもらえませんか？」

「海外ですし、すぐにはつながらないかと……」

「誰か、ほかにわかる方はいらっしゃいませんか？」

「あいにく、□□でないと御社の納品についてはわかりかねますので、後日対応させていただくということで……」

「後日って、いつなの？　今日必要なのに、何で後日なの？」

「できるだけ早く対応させていただくつもりではございますが……」

「今日じゃなければダメなんだ。後日なんて無責任だろう。あんたじゃ話にならないから、□□の上司と代われよ！」

●問題点

怒っている人は、問題をすぐ解決することを望んでいる。待たされるのは、相手にとっては腹立つことだ。ある会社では、電話を保留にしてから15秒でアラームがなるように設定している。そうすると、社員は慌てて再度電話に出る。つまり、電話で待たされるなら、「15秒が限界」と話す企業は多い。クレームをつける人にしてみれば「こっちは時間を惜しんで電話しているんだ」の意識が強いから、余計に時間に敏感になる。

「後日」「もうしばらく」は、いったいどのくらいの時間・日数なのか曖昧《あいまい》だ。解釈は人によって違う。「明日」だと思う人もいれば、「1週間後」「半月後」と捉える人もいる。そして、やはりクレーマーは敏感に反応する。「後日っていつだよ？」と突っ込まれてしまう危険性が高い。友人から聞いた話だが、相手から「後日とはいつのこと？」と聞かれた担当者が、思わず「なる早（なるべく早く）で」と答えてしまった。相手は当然、「なる早って何だよ！」とカンカンになった。「なるべく早く」は、文句を言っている側が使う言葉だ。クレームを受ける側は、「なるべく」ではなく「できるだけ迅速に」対応しなければならない。どの時点が「早い」のかは、やはり人によって違う。こんなに中途半端で、しかも若い人同士が使う軽い言葉でクレーム対応したら、小火だったものが大火事になってしまうだろう。

期限が定められていないと、相手は一層腹を立てる。だから、この場合は「状況を確認して、本日の17時までに一度お電話を差し上げたいと思うのですが、よろしいでしょうか？」と具体的に期限を切ることが大切。そして、約束した日時までにわかったことを報告する。その時点で問題がすべて解決していなくてもよい。どこまで進んでいるのかを伝えることが大事。「まだ決定に至らないから連絡しない」「決まったら連絡すればいい」と考えている人も多いが、それは間違い。相手は連絡してこないことに対して怒る。連絡を怠ると、相手は「自分のクレームはほったらかしにされている」と解釈するのだ。

3　弊社のルールですから

●ありがちなやり取り

広告代理店の営業部にかかってきた取引先の会社との電話のやり取り。

「お電話代わりました。○○です」

「△△社の▽▽です。実はお願いがあるんだけど。キミはよくやってくれているとは思う。でも、お願いしたことへすぐに着手してくれないから、無駄に時間ばかり食っちゃって、正直迷惑なんだよね。直接制作部の人と打ち合わせたいから、誰か紹介してもらえないかな」

「（うろたえながら）えっ……。悪いところは改めますから、今までどおりに私を窓口としていただきたいのですが……」

「でもさあ、キミ、僕が言ったことを正確に制作の人へ伝えてくれないから、あちこち修正してもらわなきゃならないし、こっちも大変なんだよ。そちらの制作の人だって、修正するのは面倒だろうし。じかに話をすれば、こちらの要望が間違って伝わることもないからね」

「しかし、営業は案件全体のスケジュール管理や計数管理もしなければなりませんから、やはり、私に言っていただかないと」

「でも、こう言っちゃあなんだが、キミとやっていると、無駄な打ち合わせも多いから。わざわざ会わなくても、5分の電話で済むことだって多いしね。よほど暇なの？」

「いえ、必要だと思ってお打ち合わせさせていただいているのですが」

「こっちは、必要だとは思わないよ。キミと打ち合わせするより、制作担当者と直接電話で話すことの方が必要だと思うけれど」

「しかし、お取引先企業様の窓口は、営業部が一括して担当するのが弊社のルールですから」

「おたくのルールって言われたって、そんなの知らないよ。法律で決まっているの？」

●問題点
「おたくのルールを押し付けるわけ？　おたくのルールに則《のっと》らないといけないの？　法律で決まっているわけ？」「勝手に作ったルールだろう？　そこまで言うんだったら、条例になっているんだろうな？」と、実際にこう突っ込む人がいた。自分たちのルールで、相手を従わせよう、押し倒そうとしているように感じるのだ。「弊社の」と言い表すことで会社をバックにちらつかせれば、相手は譲歩してくれるだろうと考えるのは甘い。余計に反感を買うだけだ。

「弊社のルールですから」と言う必要はまったくない。そもそも「ルール」は万人に適用される統一基準なので、個別的な「弊社の」が付くはずもない。「交通ルール」なら、自動車の運転手、自転車や徒歩で道路を行き交う人すべてが守らなければならないもの。「野球のルール」は、野球をする人全員が守らなければならない鉄則だ。WBC（ワールド・ベースボール・クラッシック）における特別ルールやピッチャーの球数制限など限定的なルールもある。だが、参加チームはすべて、これに従わなければならない。それがルールだ。

「私が一次的な担当なので、お話を伺わせていただきます。当社にはこの件を専門に扱う部署もございます。したがいまして、その部署の課長○○に申し伝えておきます」「私がすべて窓口になるのですが、状況に応じて、より専門性の高い部署をご紹介いたしますので」と伝える。百歩譲って、どうしても自社のやり方に合わせてもらいたいのなら「これが弊社のやり方ですので、ご了解いただけないでしょうか」と頼んでみるのもひとつの手だ。

4　どうすればよろしいでしょうか

●ありがちなやり取り

デパートのお客様相談室での電話のやり取り。

「○○百貨店、お客様相談室の△△でございます」

（お客が）「さっき、そちらのおもちゃ売り場で犬のぬいぐるみを買ったんですけれど、縫い目が綻《ほころ》びていて、そこから中の綿が出てきそうなの。代わりのぬいぐるみを持ってきてちょうだい」

「あの、綻びはどのぐらいの大きさでしょうか」

「そんなことといいから、持ってきてくれればいいの」

「でも、綻びの状態を売り場の担当者にも伝えなければならないので……」

「今、ここにあるのを持って帰って見せればいいでしょう」

「包みから出した時には、もう綻びていたのでしょうか」

「何よ。綻びたのは私のせいだとでも言うの？」

「いいえ、決してそういうわけでは……。ただ、関係部署や工場にも連絡しなければならないので」

「そんなこと、こっちには関係ないでしょ！　とにかく、黙って代わりの物を持ってきてちょうだい！」

「……どうすればよろしいでしょうか」

「だから、早く持ってきて。本当に悪いと思うなら払ったお金も返してほしいわ」

●問題点

このフレーズは、絶対に使ってはいけない。これを言った瞬間、相手に降伏したことになる。相手に厳しい条件を言われた場合、「それはできません」と返すことができなくなるからだ。「それなら、１００万円を現金で持ってこいよ」「それはできません」「さっき、『どうすればいいでしょうか』って聞いたじゃないか。それなのに、できないって言うのか？」と身動きが取れなくなる。

クレームをつけてきた相手が大声でどなったり、早口でまくし立てたりすると、勢いに押されて、「つい口に出してしまうフレーズ」と複数の若手社員は話す。だが、「どうすればいいか」は被害者に聞くことではなく、加害者が「このように補償いたします」などと提案しなければならないこと。こういう場合は、解決策を2つ用意しておき、相手に選ばせるとよい。「代わりの品物をお届けするか、いただいた代金をお返しするか、どちらがよろしいでしょうか」などだ。人間は2つの選択肢を提示されると、そのどちらかを選んでしまう心理がある。「ラーメンとうどん、どちらがいい?」と聞かれた時に「僕はスパゲッティがいい」とは答えづらい。その心理を利用する。しかも、相手に解決策を選ばせるのだから、こちらから強要したことにはならない。

5　～だけは伝えておきます

●ありがちなやり取り

広報部に取引先の人から電話がかかってきたが、担当者は不在。

「○○社、広報部でございます」

「△△社の▽▽だけど。さっき、おたくの□□さんが来たんだけど、頼んでいた請求書は持ってこないし、だいたいスーツの上着を着てこなかったんだけど、どういうわけ? うちは、まがりなりにも得意先だろう。失礼だと思わないの?」

「申し訳ございません」

「だいたいさあ、おたくの社員って、しつけができてないよね。平気でアポイントの時間に遅れてくるしさ、見積書の数字が間違っていることもあるよ」

「はあ……」

「去年なんか、発注書の数を間違えてさあ。100ケースって頼んだのに、1000ケースも届けてきやがった。残りの900ケースもうちで売れっていうことなのかと思ったよ。ウチの社長なんか『こんな理不尽な会社とは付き合えない』って怒っているからね。まったく何を考えて仕事しているの」

「はい……」

「はい、じゃなくてさ。ちょっとたるんでるんじゃないの？」

「今、▽▽様がおっしゃったことだけは上司に伝えておきます」

「何？　そのおっしゃったことだけって。ちゃんと伝えてくれるの？」

●問題点

このフレーズを使うと、相手は「電話を取った人が責任回避している」と解釈する。「あなたの話、とりあえずは伝えておくよ」と言っているように受け取られるからだ。「できるならクレームにかかわりたくない」の気持ちが見え隠れするフレーズでもある。ガラの悪い人だと、「あんた、名前は何ていうんだ?」「〇〇か。覚えておくよ。次はまずあんたに電話するからな」と返されて、その後、ずっとその人からクレーム電話がかかってきてしまう危険性もある。

担当者が不在の時は、まず、クレームの内容を正確に把握するのが大切。「~だけは」と言うと、相手は「担当者の名前を教えろ」と攻めてくるかもしれない。その場合は、「お話の内容がわからないと、適切な担当者をお伝えできませんので」とかわす。クレーム内容を聞きながら、相手の話を「〇〇ということですね」と丁寧に確認する。話を全部聞き終わったら、「その件は△△が担当しておりますので、今の話は必ず本人に伝えます。戻り次第、折り返しご連絡させます」と伝えるべきだろう。電話を取った人が無責任な態度を取ると、それ以降、会社全体が非難されることになりかねない。自分が在籍する企業へのクレームなのだから、自分の業務へ直結しない内容でも、まったく関係ないとは言えない。組織人としての当事者意識を持つことが重要だ。

6　こういうことはままあります

●ありがちなやり取り

会議室で外部の協力会社とのやり取り。

「実は、今度の新製品のＰＲイベント、予算の関係で中止になってしまったんです」

（協力会社の人が）「えっ？　だって、司会者もコンパニオンもすでに手配済みだし、参加したお客様に配る販促用のグッズも来週には出来上がってきますよ」

「かかった分の費用はお支払いしますから」

「そりゃ、もちろんですよ。でも、お金を払えば済むものじゃないでしょう」

「はい、それは重々承知しています」

「イベント中止が決まったのはいつですか？」

「先月の下旬です」

「あなたは、ご存じだったんですね。何でその時にすぐご連絡を下さらなかったのですか？」

「いろいろバタバタしていたもので……」

「そんなこと、当社には関係ありませんよ。こっちだって、いろいろな人に協力してもらって進めていたんですよ。これだけの人数のスタッフをそろえるには、相当苦労したんです。その人たちに何て言えばいいんです？」

「申し訳ありません」

「予算の関係って、あなた方の立てた見積もりが甘かったんじゃないですか？」

「そう言われても仕方ありません。でも、こういうことはままあります」

「企画したあなたがそう言うのはおかしいでしょう！」

●問題点

加害者が使う言葉ではない。被害を受けた方が「こういうことは、ままありますよね。だから仕方ありませんよ」と理解を示す時に使うべきフレーズだ。加害者が使うと、相手に「この程度の問題は、氷山の一角ですから騒がないでください」と告げているようなもの。「そんなにクレームの多い会社なのか」との印象も与えてしまう。イレギュラーやトラブルが常態化していて、解決能力がない企業なのだと思われても仕方ない。ままあることだろうと何だろうと、相手は問題をすぐに解決したいのだ。

「不可抗力ですから、どうしようもありませんよ」と言いたくて、その場しのぎで使う場合があるかもしれない。第1章で述べたとおり、予測できないトラブルは起こりうるが、事前にそれへ備えておく必要がある。それに、クレームをつけてきている相手にとって、不可抗力でも迷惑を被ったことには変わりない。

同様のフレーズに「人間ですから、ミスもしますよ」「大したことじゃないですよ」がある。前者に対しては「それでミスした後はどうするの？」、後者へは「大したことかどうかは、お前たちが決めることじゃなくて、被害に遭ったこっちが決めるんだよ」と返されてしまう。こちらは何も反論できない。「今回の仕事では、若い社員を使ったものですから……」と言えば、相手は「経験の浅い人がやったのだから仕方ない」と思ってくれるだろうと期待するかもしれないが、それは逆だ。「そんなことは関係ない」「うちの仕事を新人にやらせたのか？」と切り返されておしまいになる。

言い換えるフレーズはないが、あえて使うなら「過去にも同じような事例がありましたが、その時はこう対処させていただきました」ぐらいだろう。

7 今日は責任者がいないもので

●ありがちなやり取り

ある会社の販売促進部に調査会社からかかってきた電話で。

（相手が）「先日、御社から頼まれた市場調査についてなんですけれど、あれはかなり苦労したんですよ。調査対象の人数も5万人と多かったし。ものすごく詳細な分析結果も求められましたしね。それに、たった1週間しか調査期間がなかったんですよ。それで5万人も調査しろなんて、本来はむちゃくちゃでしょう。だから、こっちもアルバイトを10人臨時で雇ったんですよ。社内のスタッフだって、分析と報告書作りで連日徹夜しました。それで、あの支払金額はないでしょう。1ケタ少ないですよ。あれじゃあ、スタッフの残業代とアルバイト代で消えてしまいます。何を考えているんですか。早急に金額を見直してください。市場調査を何だと思っているんですか。単なる○×式のアンケート調査をしているのとは訳が違います。わかっているんですか？」

（販売促進部の担当者が）「申し訳ありませんが、今日は責任者がいないもので、お支払いの件は私の一存では決められません。また後日……」

「じゃ、何で話を黙って聞いていたんだよ！」

●問題点

「責任者がいないから、何だって言うんだ！　すぐ解決してほしいから電話しているんだ」と突っ込まれるフレーズ。それに「責任者」とは担当者なのか、担当者の上司なのか、社長なのかはっきりしないことが多い。会社としての問題解決には決裁者があたるべきだが、クレームの内容によってはそれが最適とは限らない。まず「担当者は誰でしょうか」「どういった内容でしょうか」と尋ねて、何についてのクレームなのか、誰に電話を取り次げばいいのかをはっきりさせること。そして、「それでは、適した担当者におつなぎしますので……」と対応する。

最初にしっかり現状把握して、問題点をはっきりさせる。それから適任者につなげば、電話のたらい回しもなくなる。

8 ゆっくり話していただけますか

●ありがちなやり取り

メーカーのお客様相談室での電話のやり取りで。

「○○社お客様相談室の△△でございます」

（お客が早口でまくしたてる）「買ったばかりのおたくのパソコン、ちゃんと動かないんだよ。こっちはちゃんと使っているのに。もう何年もおたくのパソコンだけ使っているんだから、操作を間違えるはずはないよ。プログラムを立ち上げようとすると、『このプログラムは応答していません』ってメッセージが出て、ちゃんと起動しないの。おまけに終了する時も、『プログラムが応答していない』って。いったいどうなっているんだよ！『この問題を解決するためには、こちらをクリックしてください』って表示が出たからクリックしたら、エラー内容の説明が出てきたんだけど、その意味がまったくわかんない。何をどうすればいいんだよ。もっとわかる言葉で説明してくれよ。買ったばかりなのに、どうしてこうなっちゃうんだ？　もうずっと、おたくのパソコンしか使ってなかったんだよ。こんなことなら、ほかのメーカーのものにするから」

「あの、お客様がお怒りなのはごもっともなのですが、もう少しゆっくり話していただけますか?」

「今まで話したこと、わからなかったって言うのか? じゃあ、ゆっくり話せばわかるのかよ?」

●問題点

「落ち着いてくださいよ」と言われているようで、相手はカチンとくる。これに似たフレーズに「おわかりになりますか?」があるが、いずれも、相手はバカにされていると思うのだ。

怒りにまかせてまくし立てるクレーマーは多い。「内容が聞き取れない」「事実把握が難しい」などの場合、相手の話をよく確認しなければならない。その時、「ここまではよいですか?」と聞くのは間違い。これは、文句を言っている方が使う言葉だからだ。内容確認するには、「ここまでは○○と認識したのですが、よろしいでしょうか。間違いございませんか」とその都度、細かく確認すること。話をいったん切ることができるので、相手の興奮を鎮める効果もある。部分的にポイントを確認し、それを積み重ねることで解釈にブレがなくなる。相手の言っていることをきちんと把握できなかったために、問題がさらにこじれてしまうケースも多いので、特に注意してほしい。

9 もし、あれでしたら

●ありがちなやり取り

上司と部下の会話で。

（部下が）「この間、○○社へ部長に言われたとおりに企画提案してきたんですけど、すごく不評だったんですよ」

「何て言われたの？」

「まず、世の中の流れを捉えていない、と。この不景気でモノの値段がどんどん安くなっているのに、『少しリッチなバッグ』が売れるはずはないだろうって。僕も、そりゃそうだと思いましたよ」

「まあ、確かにね」

「何が『確かにね』ですか。部長が『絶対、いける』って言うから持って行ったんですよ」

「だったら、持って行く前に反対すればいいじゃないか。俺の企画よりよい案を出せば問題なかっただろう」

「僕の出したアイデアを社内の企画会議でさんざん貶《けな》したのは、部長でしょう。ほかの人たちは『よい企画だ』って言っていたのに」

「あの時は、持って行っても○○社には採用されないと思ったんだよ」

「何でそう思ったんですか？」

「もし、あれだったら、キミの案をもう一度持って行ったらどうだい？」

「何ですか、『あれ』って？　もし何だったら持って行けって言うんですか？」

●問題点
「〜っていうかぁ」「〜だしぃ」と似ている。交渉の場では使ってはいけない言葉。軽率なイメージで、真剣なやり取りには適さない。また「あれ」と言われても、相手には当然伝わらない。「あれ、なんて言われても知らないよ。何、それ？」で片づけられてしまうのがオチだ。「あれ」「これ」などの「こそあど言葉」（指示代名詞）はモノや事象を指し示す言葉であり、具体性はきわめて希薄。不用意に使うと、話が曖昧《あいまい》になってしまう。

「もしよろしければ○○でご勘弁（ご了承）いただきたいのですが……」とへりくだる言

い方もある。だが、交渉の場で「もし～なら」「～すれば」「～したら」と、実現の可能性が高くない話を持ち出すのには問題がある。前述したが、クレーマーは言葉に敏感なので、「こいつはごまかしている」「逃げている」と思われてしまうかもしれない。同じ内容を話すにしても、結論を先に持ってくると相手に伝わりやすい。「○○なのですが、ご了承いただけますでしょうか？」の言い回しが効果的だ。

10　それでですね

●ありがちなやり取り

取引先と経理部の電話のやり取り。

（相手が）「あのさあ、この請求書の数字、間違っているんじゃないの？」

「いいえ、確かにその数字で合っていますが」

「おかしいと思っているから電話しているんだよ。もう1回計算してよ」

「いいえ、ちゃんと計算したので、その請求書を送らせていただいているんですが……」

「間違っているって言ってるだろ」

「いえ、確かに合っていますので。上司にも確認してもらいましたし。それでですね、ご入金の方は、来月の末でよろしいでしょうか？」

「ふざけるんじゃない！　その前にもう一度計算し直せよ！」

●問題点
これは、「あの……」「えーと……」と同じで、聞いている方は耳障りで神経がささくれ立つ言葉。幼稚で軽い印象、真面目に対応していないイメージも与えてしまう。人間には視覚・聴覚・嗅覚・味覚・触覚の「五感」がある。それぞれの感覚が刺激を受けることによって、目に焼き付いたり、耳に残ったり、匂いを感じられたりする。クレームをつけてくる人は言葉に敏感となっているから、余計に聴覚を刺激されやすいのだ。ただでさえ耳障りなフレーズを使うと、二次〜三次災害を招く危険性が高い。特にクレーム対応の場合は電話でやり取りすることが多く、耳だけが頼りになるので普段以上に癇《かん》に障る。決して使わないことだ。

このケースでは相手のクレームを解決しないまま、自分の言いたいこと（入金の確認）を話し始めてしまったため、さらに相手を怒らせてしまった。

「それでですね」を分解すると、「それで」＋「ですね」。この「ですね」が幼い印象を与えてしまう要因だ。「〜ですね」も「〜です」と言い切ることが大切。相手に内容を確認したいなら、「こういうことですよね」ではなく、「ここまではよろしいですか?」「確認いたしますが……」と言うようにしたい。

column

有名人「思い出に残る、とっさの一言集」

「俺がルールブックだ」

この名言を残したのは、パ・リーグ審判の二出川延明さんだ。1959年7月19日に行われた大毎対西鉄戦で、8回、二塁上でのクロスプレーに中根之塁審がセーフのジャッジを下した。

これに抗議した西鉄・三原脩監督に対して、中根塁審は「走者の足と送球が同時だったのでセーフ」と説明。しかし、「同時はアウトだ」と勘違いしていた三原監督は審判控室へ。控室にいた二出川さんは、中根塁審と同様の説明をした。それでも納得できない三原監督は、「ルールブックを見せてくれ」と要求。これに対して二出川さんは「俺がルールブックだ」と答え、抗議を見事に退けた。

ただ実際は、この日、二出川さんはルールブックを自宅に忘れてきていた。そのため、他の審判がルールブックを取り出そうとすると、彼は「見せる必要はない。私が言っているんだから間違いない。それより早く試合を再開させなさい」と言ったのだ。それが記者によって脚色されて、「俺がルールブックだ」の名言が生まれた。

「そんなに若く見えるかね」

かつての自民党の重鎮・後藤田正晴さんは62歳で衆議院議員に初当選したため、当選回数は少なかった。だが田中角栄元首相に重用され、中曽根康弘内閣で内閣官房長官、宮沢喜一内閣では法務大臣などを歴任した。

橋本龍太郎さんが総理大臣になった時、あるパーティで後藤田さんと一緒になった。彼は自分より当選回数が少ない後藤田さんのことを、10歳以上年長であるにもかかわらず「後藤田君」と呼んだ。それに対して後藤田さんは「いやあ、悪いね。そんなに若く見えるかね」と対抗した。

腹を立てて「この野郎。年下のくせに、何で君づけで呼ぶんだよ」と文句をつけるのは簡単。だが、パーティーには報道陣も来ているので、もし後藤田さんが橋本さんをしかりつけたとしたら、翌日のニュースや新聞で格好のネタになってしまう。それを見た多くの人は、「橋本さんも無礼だが、後藤田さんも公の場で総理をしかるなんて大人げない」と思うだろう。自分のイメージを傷つけないように、かつ橋本さんへも配慮した老練な後藤田さんならではの切り返しだと思う。

「頭の隅にはないが、真ん中にあった」

昔、佐藤栄作元首相が在任中に、記者から「解散はどうするんですか」と質問され、「頭の隅にもない」と答えた。それにもかかわらず、佐藤さんは約2週間後に解散してしまった。それを記者に「頭の隅にもないと言ったじゃないですか」と突っ込まれると、「確かにそう言った。ただ、頭の真ん中にはあった」

こう切り返されると「なるほど、うまいことを言う」としか思えず、それ以上は文句もつけられなくなるから不思議だ。

うまい切り返しのポイントの1つは、出来合いの言葉をひねること。「頭の隅にもなかった」はよく聞くフレーズだが、「真ん中にある」とは決して言わない。これが言葉をひねるテクニックだ。

佐藤さんはこわもてで無愛想な性格のため、記者たちには嫌われていたし、佐藤さんもマスコミを疑いのまなざしで見ていた。

1972年の退陣表明記者会見の最初に、「テレビカメラはどこかね?」などと確認した後、「新聞記者の諸君とは話さないことにしてるんだ。僕は国民に直接話したい。新聞になると文字になると（真意が）違うからね。残念ながら……。さっきも言ったように偏向的な新聞は嫌いなんだ。大嫌いなんだ。直接国民に話したい。やり直そうよ。（新聞記者は）帰ってください」と発言。

ほとんどの新聞記者は、最初は冗談だと思い笑っていたらしいが、佐藤さんは席を立ってしまった。当時官房長官だった竹下登さんの説得で会見場には戻ったものの、新聞記者たちは黙っていられず抗議。それに対して、「それならば出てってください。かまわないですよ。やりましょう」と応じた。記者が全員退室した後、佐藤さんはテレビカメラに向かって演説した。

この対応は賛否の分かれるところだろうが、記者たちへの対応が、他の総理とは一味違うことは確かだ。

「不倫は文化だ」

俳優の石田純一さんが不倫発覚の時に発言したフレーズ。「そう言えば、そうかもなあ」

とみながポカンとしてしまったのだ。だから、記者もそれ以上は攻め込めない。

石田さん自身は実のところ、レポーターの質問へ「日本には古来より忍ぶ恋というものがあり、そのような男女の思いが優れた文学などの文化、芸術を生み出してきたということもある」と答えたのだ。それを「不倫は文化だ」と伝えたメディアがあったため、広まってしまった。

意図したものではないにせよ、このフレーズは秀逸で、切り返しの手法とも通じるものがある。それは、普段は組み合わせない言葉同士をくっつける方法だ。普通なら「不倫」は「文化」とは結びつけない。それをあえてそうしてしまう。

もっとも、実際に石田さんが口にした長ったらしい言い訳も、「何だか理屈っぽくて、よくわからない」と相手を煙にまく効果はあっただろう。もしかしたら、わかりにくい、あるいは面倒臭いと思ったレポーターが「不倫は文化だ」とはしょって、センセーショナルに報じたのかもしれない。

「暴力以外に具体的に対抗する手段がないのかと言われたら、お聞かせ願いたい」

タレントのビートたけしさんと交際していた女性が、写真週刊誌「フライデー」の記者に取材を受けた時、軽傷を負ってしまった。さらに記者は彼女の自宅まで押しかけたり、大声で騒いだりしたため、たけしさんが抗議。説明と謝罪、記者の名前を明かすように求めたが、「フライデー」側は拒否した。怒ったたけしさんは、編集部に「今から行ってやろうか」と通告。翌日の深夜3時過ぎ、たけし軍団とともに編集部へ。一斉にもみ合いとなり、暴行傷害事件として懲役6カ月（執行猶予2年）の判決が下った。

事件後初めての会見では、「行動した過程について暴力を使ったり、たけし軍団というのを一緒に連れて行ったことに関しては、非常に反省しております」と発言。その上で「自分の大切なものを守るというのには、誰にでも権利があるということで、過剰防衛になると言われたらそれまでですが、もっと暴力以外に具体的に対抗する手段がないのかと言われたら、お聞かせ願いたい」と続けた。

この当時の官房長官は後藤田正晴さんだったが、事件について「ビート君の気持ちはよくわかるが、暴力はいけない」と発言している。たけしさんはこのコメントに対し、同会見で「一応、官房長官としては差し障りない意見じゃないですか。ビート君って言ったのはまずかった。やっぱりたけしだろうと思います」と返している。

暴力がいけないのは間違いないし、たけしさんも後悔・反省している。だが、あえて「お聞かせ願いたい」と言われると、一瞬「仕方なかったのかな……」と考えてしまう。

後藤田さんは「ビート」が名字だと思ったわけでもないだろうが、どうしてたけしさんのことをこう呼んでしまったのだろう。

「生まれ変わってきたら、絶対一緒になろうって約束しました」

歌手の郷ひろみさんと松田聖子さんは、結婚寸前までいったカップルだった。交際を公にしていたが破局を迎え、聖子さんが東宝スタジオの食堂で単独会見を開いた。涙ながらの記者会見。先記はその時のコメントだ。

よく考えれば、「生まれ変わってからのことを言うなら、今何とかすればいいのに……」と思うのだが、聞いた瞬間は「かわいそう。何か事情があったんだね。生まれ変わったら頑張って」と同情してしまう。

ところが、聖子さんはこの会見から1カ月後に、俳優の神田正輝さんとの結婚を発表し、世間を驚かせた。

ちなみに、郷さんは後に「会見することも知らなかった。あんなセリフも言っていない。僕が生まれ変わって虫だったらどうする気だろう?」と発言したそうだ。

MEMO

MEMO

〈著者紹介〉

吉野　秀（よしの　すぐる）
1963年生まれ。中央大学経済学部卒。日経ホーム出版社（現・日経BP社）で『日経トレンディ』編集記者や『日経アドレ』編集長を経験。その後、金融や流通、企業経営、IRなどの分野で雑誌編集長を務める。独立後はビジネス書作家や出版プロデューサー、講演・研修スピーカー、人材コンサルタント、塾講師（代々木個人特訓教室）。主な著書に『言い訳の天才』（すばる舎）、『モンペ襲来』『プロ野球名選手列伝――驚きの記録を残したツワモノたち』（ソニー・マガジンズ）、『できる人の「書きかた」「話しかた」』（ソフトバンク・クリエイティブ）、『お客さま! そういう理屈は通りません』（KKベストセラーズ）、『騙されるな！偽装する日本語90』（ゴマブックス）、『とっさの一言が思いどおりに出る！「切り返し」の技術』（あさ出版）など。2006年にフジテレビ『笑っていいとも!』木曜日・「口八丁手八丁・いいわけ番長」コーナーに解説者としてレギュラー出演。その後も、TBS「V6 新知識階級クマグス」や「生島ヒロシのおはよう一直線」などテレビやラジオにたびたび登場している。
吉野すぐるの目黒・祐天寺いいわけ番長　http：//ameblo.jp/iiwake0218/

制作協力
鈴木絢子、ＮＡＯ

参考文献

「無敵のケンカ交渉術」（すばる舎　楠根碧著）
「雑談力　おしゃべり・雑談のおそるべき効果」（毎日コミュニケーションズ　川上善郎著）
「あなたの隣の〈モンスター〉」（日本放送協会　齋藤孝著）
読売新聞「ジョブサーチ」連載コラム

賢《かしこ》いネズミは猫《ねこ》をなだめる

2009年 9 月 7 日　初版　第 1 刷発行

編著者	吉野　秀
発行者	斎藤　博明
発行所	TAC株式会社　出版事業部 (TAC出版)
	〒101-8383 東京都千代田区三崎町3-2-18 西村ビル
	電話 03 (5276) 9492（営業） FAX 03 (5276) 9674 http://www.tac-school.co.jp
組版	株式会社　グラフト
印刷	株式会社　光邦
製本	東京美術紙工協業組合

ISBN 978-4-8132-3309-1

落丁・乱丁本はお取り替えいたします。

本書は、「著作権法」によって、著作権等の権利が保護されている著作物です。本書の全部または一部につき、無断で転載、複写されると、著作権等の権利侵害となります。上記のような使い方をされる場合には、あらかじめ小社宛許諾を求めてください。

視覚障害その他の理由で活字のままでこの本を利用できない人のために、営利を目的とする場合を除き「録音図書」「点字図書」「拡大写本」等の製作をすることを認めます。その際は著作権者、または、出版社までご連絡ください。

TAC出版の書籍に関するご案内　TAC出版

書籍のご購入

1 全国の書店・大学生協

2 TAC各校 書籍コーナー

3 インターネット

TAC出版書籍販売サイト
Cyber Book Store
http://bookstore.tac-school.co.jp/

4 TAC出版（注文専用ダイヤル）

0120-67-9625 ［土・日・祝を除く 9:30～17:30］

携帯・PHS OK　※携帯・PHSからもご利用になれます。

刊行予定、新刊情報などのご案内

TAC出版
03-5276-9492 ［土・日・祝を除く 9:30～17:30］

ご意見・ご感想・お問合わせ

1 郵　送　〒101-8383 東京都千代田区三崎町3-2-18
TAC株式会社 出版事業部 宛

2 FAX　03-5276-9674

3 インターネット
Cyber Book Store
http://bookstore.tac-school.co.jp/
トップページ内「お問合わせ」よりご送信ください。

（平成20年9月現在）